我的刺猬小孩

高敏感孩子如何应对
高刺激的世界

Mon enfant
hérisson

〔法〕斯特凡妮·库蒂里耶◎著　　高可心◎译

北京科学技术出版社

MON ENFANT HÉRISSON BY STÉPHANIE COUTURIER

© Hachette Livre (Marabout), 2021

Simplified Chinese edition arranged through Dakai – L'Agence

Simplified Chinese edition copyright ©2025 by Beijing Science and Technology Publishing Co., Ltd.

All rights reserved.

著作权合同登记号　图字：01-2023-5675

图书在版编目（CIP）数据

我的刺猬小孩 / （法）斯特凡妮·库蒂里耶著 ；高可心译. -- 北京 ：北京科学技术出版社，2025.

ISBN 978-7-5714-4465-5

Ⅰ. G78；B844.1

中国国家版本馆CIP数据核字第2025V5T462号

策划编辑：孔　倩	电　　话：0086-10-66135495（总编室）	
责任编辑：王　羽	0086-10-66113227（发行部）	
责任校对：贾　荣	网　　址：www.bkydw.cn	
责任印制：李　茗	印　　刷：北京顶佳世纪印刷有限公司	
图文制作：旅教文化	开　　本：889 mm × 1194 mm　1/32	
出 版 人：曾庆宇	字　　数：155 千字	
出版发行：北京科学技术出版社	印　　张：7.75	
社　　址：北京西直门南大街 16 号	版　　次：2025 年 6 月第 1 版	
邮政编码：100035	印　　次：2025 年 6 月第 1 次印刷	
ISBN 978-7-5714-4465-5		

定　　价：69.00元

推荐序

　　我真正开始重视"高敏感"这个特质，是在我家老大五岁的时候。相比其他同龄男孩，他更容易哭闹、更容易生气，他似乎对生活有更多的不满——这对一个妈妈来说是何等挫败！很长一段时间里，在面对这样一个连去餐厅吃饭都会挑剔背景音乐的孩子时，我常常在心里呐喊："我究竟要怎么做才能让你满意啊？！"直到后来我遇见了一个词：高敏感。

　　高敏感孩子之所以高敏感，是因为他们对外界信息的接收比其他小孩更多、更充分。比如，同样是膝盖破皮，对我家非高敏感的老三肉肉来说，痛感可能是2，然后这件事会变成他选创可贴图案、跟姐姐玩医生与病人游戏的一个机会；而对高敏感的哥哥来说，这种痛感直接达到9甚至10，他会把所有的注意力都放到这块破皮的地方，然后越看越觉得可怕，给他一块创可贴他也不敢贴，怕碰到伤口。这个伤口可能会困扰他好几天，洗澡时不敢碰，穿衣服时不敢碰，连睡觉时都要保护起来。他现在长大了，不会像以前那么夸张，但就在今天上午，他还因为手指碰到自己的膝盖时被掀了一下，眼泪汪汪地来找我。

这个时候千万不要觉得孩子小题大做，对高敏感孩子来说，没有"小题""小感受"，因为任何感受对他们来说都是巨大的、强烈的。这也是他们容易受到干扰的一个重要原因。就像读报纸，一般人会一下关注到头版头条，但在高敏感孩子的眼里，整份报纸全都是头版头条，这是他们与生俱来的特质。高敏感孩子需要的是后天培养的聚焦能力，他们需要学会把关注点聚焦在真正重要的事情上。很高兴斯特凡妮的这本书能为这样一群与众不同的孩子的父母提供一部养育指南。

养育高敏感孩子的一个秘诀就是：永远为他的感受提供空间，容许他体会并表达他的感受，并且跟他一起面对。高敏感孩子并不是惧怕感受本身，他们惧怕的是独自面对那些自己无法处理的感受。

高敏感孩子的内心藏着一种特别强烈的感受，这种感受每个孩子都有，但高敏感孩子尤其强烈，那就是对于被抛弃的恐惧。孩子是依赖父母生存的，因此，确保自己不被抛弃是每一个孩子求生级别的需求。高敏感孩子特别担心"这个样子的我，你是不是不喜欢、不想要？"，他们特别担心"这个样子的我，对你来说是不是个负担？"，他们还特别担心有一天父母真的会说："我受够你了！我忍你忍很久了！我再也不想忍了！我想让你消失！"

　　父母当然不会真的抛弃孩子，但这不代表这种恐惧在高敏感孩子的心里不存在。高敏感孩子的安全感是需要父母花精力去建立的，因为高敏感孩子天生就更容易捕捉到那些令他们不安的外界元素，他们的不安全感也会比其他孩子更为强烈。

　　理解和接纳高敏感孩子，就是在为他们建立宝贵的安全感。这本书从各个方面剖析了高敏感孩子的种种不被人理解的"症状"，我相信任何一位高敏感成人（比如我自己）在读这本书的时候，都会感觉像在照一面镜子，温柔又清晰地照见了真实的自己。

　　更难能可贵的是，书中提供了很多实用的方法给高敏感孩子的父母使用——我们终于不再仅仅停留在"发现问题"的层面，而是拥有了"解决问题"的方案！

花生共和本花

小红书百万育儿博主

致奥尔菲：

我亲爱的小刺猬，
我爱你！
我每天都和你一起学习
如何更好地理解对方的高敏感。
我答应你，所有你说出口的和未能说出口的，
我都会倾听，持续地倾听，用心地倾听。
我为你感到骄傲。
无论是眼前的小男孩，
还是将来的小男子汉，
都是我的骄傲。

致斯坦尼斯拉斯：

我挚爱的大儿子，
一个刺猬妈妈，一个刺猬弟弟，
是你的家庭生活和成长历程中绕不开的角色。
但你不曾被我们的负面情绪淹没，
你的自我调节能力令我赞叹不已，
你独特的视角和精准的分析让我受益无穷。
你身上的一切，都让妈妈感到骄傲。

拥有你们是我生命中无与伦比的幸运。
身为人母，我满怀着无条件的爱
陪伴你们走在前进的道路上，
同时我自己也在不断地成长。
此中幸福，无以言表！

前　言

　　很久很久以前，有一只小动物对自己的生活感到不太满意：阳光总晃得她眼花，粗糙的地面或干枯的落叶会刺激她敏感的皮肤，其他小动物发出的尖叫声或其他噪声吵得她在他们身边根本待不下去……她简直没有一天能过得舒心。由于总是和其他小动物离得远远的，她感到非常孤独。有的时候，她难得睡了个好觉、吃了顿好饭（既没有吃太饱，也没有吃太少），鼓起了勇气想去森林里结识些新朋友。但是，兔子们的恶作剧，让她感觉自己被嘲笑了；小狼崽们吓唬她，害得她不得不藏起来；鸟儿们一笑起来就没个完，把她气得直想朝他们吐口水。总而言之，她一直没能找到适合自己的朋友。

　　一天早晨，她碰到了一只和自己非常相像的小动物。和她一样，他（这是个小男生）也非常敏感，整天忙着抵御伤害、保护自己，偶尔也会在不顺心时大发脾气。这两只小动物在一起讨论了半天，终于明白他们缺少的是一种保护。

　　"我发现别的动物和我们不一样！"其中一只说，"他们

i

能够在太阳底下玩耍，能够在干草上打滚，互相开玩笑时不会生气，聊天时也不会突然哭起来。"

另一只说："也许我们可以求森林里的仙女帮帮我们？"

他们两个都听说过这位仙女，但是都没有亲眼见过她。

于是，第二天，他们踏上了寻找仙女的旅程。

终于有一天，他们找到了仙女。总算有人愿意耐心地听他们倾诉，还能够理解他们所经受的折磨了！仙女送给他们每人一件特殊的斗篷：斗篷上布满了坚硬的刺，能够保护他们娇嫩的皮肤不被阳光晒伤，能够隔绝森林中令他们感到不适的环境，还能够狠狠地扎疼那些企图伤害他们的动物。面临危险时，他们只需要把自己蜷成一个小球躲在斗篷里，就能保护自己了。两只小动物高高兴兴地接受了仙女的礼物，从此，他们过上了不一样的生活。

"刺猬"就是这样诞生的。这种温柔的、反应灵敏的小动物终于可以和其他动物一样，享受森林中的平静生活了。

我写这篇小故事是为了展现那些异常敏感的孩子的内心世界。这也是我的亲身经历：我从小就觉得自己和别人不一样，是件"半成品"，就好像缺了一层外壳、一层薄膜，无法抵御来自外界的冲击，这导致我很难以一种平和的心态来面对我的生活。我小时候很温柔、很慷慨、富有同情心，但同时心思重、脾气大，是个不好带的孩子。极度敏感、易怒、易激动，我的这些性格特点让我非常痛苦。处理人际关系时，我总是十分冲动，甚至还会和其他人发生真正意义上的冲突。

直到开始系统学习精神运动学，我才意识到，我的反应能力相较于平均水平的确是偏高的。于是，我开始寻找安抚自身情绪的方法，为了保护我自己，也为了过上平静的生活。

各种各样的资料、心理分析和不同的治疗方法都曾给过我帮助，让我更好地认识自己。其中，放松疗法和巴赫花精疗法为我提供了具体的解决方案，它们让我每天都能感受到新的进步，让我的内在力量不断地生长。

我还发现，当我在诊所里陪护小病人们的时候，我的这种感知强烈情绪反应的能力反而成为一种优势。看到被身边人评价为"易怒"的孩子感受到自己终于被人理解，看到敏感爱哭的孩子变得温柔与坚强，这对我来说是何等快乐！能帮助一些刺猬小孩构建起强大的内心，让他们不再轻易被外界干扰，甚至能够逐步脱下那层带刺的外壳，对我来说又是何等幸福！

我希望能与大家分享我的心得体会，这不仅仅是我在这十五年间和高敏感孩子们打交道的经验，同时也是我作为一个高敏感个体和一个高敏感男孩的妈妈的心路历程。

从开篇故事中那只敏感的小动物身上，你是否看到了你孩子身上的些许影子？此时，你或许已经开始思考：我的孩子是刺猬小孩吗？我自己有没有这样的特征？

这也正是我想邀请你和我一起在本书中探索的问题。

我要带你进入刺猬小孩的世界，我会帮助你理解：什么是刺猬小孩，他们是怎么感知和理解外界环境的，他们之间又是怎样相互影响的。从婴幼儿阶段到学龄阶段，再到有些艰难的青春期阶段，我们将一起见证刺猬小孩的成长过程。本书还提供了多方面的具体措施，可以使你更好地帮助孩子稳定情绪，为孩子消除心理困扰，并创建一个相互尊重与接纳的家庭环境。如果你想更好地了解自己的刺猬小孩，并根据他的个性为其量身打造解决问题的方案，那么有这一本书就足够了。

准备好了吗？

欢迎来到刺猬小孩的世界！

目　录

01

第一部分

你好，
刺猬小孩

第一章

谁是刺猬小孩

　　高敏感，指的是对外界刺激有着超出平均水平的感知度，包括对声音、色彩高度敏感，触觉灵敏，能立刻感知非语言信息，如对话者的情绪或房间里的氛围等。高敏感个体的大脑和身体仿佛由无数个功能强大的传感器组成，他们能够捕捉到各种可见或不可见的信号。他们对环境的感知力在某些方面是超出常人的，他们能够洞察各种微妙、细小的差异。

　　这种性格特质不仅取决于先天因素，也与后天习得有关。来自外界的反馈会影响儿童对自己敏感性的表达，例如在包容乃至鼓励情绪表达的家庭或社会环境中，刺猬小孩会更加舒适自在。

　　这种特质看上去是种优势，但往往会给个体带来困扰。对环境的高度敏感会让个体对获得的信息进行深度加工，这将使大脑和感官的负荷快速达到饱和状态。除此之外，高敏感还会引发一系列极端情绪，如爆发式喜悦、骤然发怒、绝对的不信任、彻底的自我封闭、难以遏制的情感冲动、毫无保留的奉献、高强度的思辨等。一切皆可能引发反应，一切反应皆十倍于常人。

刺猬小孩周围的人往往疲于应对他们激烈的情绪反应，但不要忘记，刺猬小孩自己才是最先被这些强烈的感知与激烈的情绪反应所困扰的人。我本人对此深有体会，我就经常因为自己的感受过于强烈而被激怒。我经常挂在嘴边的一句话是："除了体重，我身上没有一样东西是轻的。"

这也是我想呼吁，或者说是呐喊——请给刺猬小孩多一点理解的原因。刺猬小孩不是自己主动选择要如此敏锐地感知一切，并以强烈的方式做出反应的，他们只是被动地接受这一切，而他们自身也在因此而受苦。

如果我只能给你一个建议，那就是：在陪伴孩子时，请你时刻牢记下面这句话。哪怕是在你疲惫不堪的时候，哪怕是你觉得孩子的反应不太合适或太过夸张的时候，哪怕是你完全无法理解孩子的思维和反应的时候，都不要忘记这句话。这是你解决问题的最佳起点。

> **刺猬小孩不是自己主动选择要如此敏锐地感知一切，并以强烈的方式做出反应的，他们只是被动地接受这一切，而他们自身也在因此而受苦。**

形形色色的刺猬小孩

高敏感有很多种表现形式，高敏感儿童也没有单一的固定特征。每个人表现自己本性的方式都是独特的。这种表现方式可能是坚决拒绝穿一件他认为针脚难看的衣服，可能是在课堂上为穿过教室的阳光、同学的低声讨论或大门开开关关的声音而分心，可能是面对大事小情时产生的不公平感，也可能是对非语言信息永不出错的解码能力……简而言之，一切会在内心掀起一场风暴的强烈感知都可能代表了高敏感。

这些内心风暴的具体表现方式是由孩子的个性决定的，比如外向的孩子与内向的孩子表现不同，也可能受孩子当时所处环境的影响。

保罗在家里每天都要发一次脾气，但是在学校或者去亲戚朋友家小住时，他就会表现得非常棒。也就是说，保罗在自己的家里更倾向于直接表达出自己的强烈感知，而出门在外就会选择控制或者回避自己的感知。

高敏感与性别无关

大约每五个儿童中就有一个天生高敏感的孩子，男孩和女孩拥有这种特质的可能性大致相同。

然而，男孩的高敏感更难被察觉和被理解。尽管现今世界中在性别观念、行为规范、社会期待等方面都有了很大进步，但是相比于女性而言，男性仍然要面临更多的情绪表达受束缚的问题。一个经常哭泣或发怒的刺猬男孩可能会被认为是"软弱"或者缺乏意志力，甚至会被叫作"小刺头"；但是有类似行为的刺猬女孩就会被视为内心细腻，甚至是感情丰富。这就导致许多刺猬男孩可能倾向于隐藏自己的情感，或选择通过其他方式宣泄，比如打架，它能够让刺猬男孩为自己内心的困扰、身体的不适及思绪的混乱找到一个"真实"的或可接受的理由。

亚历山大的妈妈有一件事情一直无法理解：她觉得自己的儿子是个温和、友善的孩子，比如他对待小动物非常温柔，而且天生就有一颗金子般的心。但是，老师经常在他的评价手册上留言，说他跟别的小朋友打架，甚至和他的两个朋友一起去吓唬另一个孩子。亚历山大的妈妈很难过，她实在难以想象这些行为会发生在自己儿子身上。她心平气和地向亚历山大提起这件事，问他为什么和同学打交道的时候不愿意表现出他所拥有的那些美好品质。

然而，亚历山大并不认为自己做错了。他向妈妈解释，他之所以吓唬那个孩子，是因为那个孩子经常欺负他的一个朋友。亚历山大对此无法容忍，他不愿意就这么轻易地放过那个孩子，所以想给那个孩子一个教训。

虽然那个孩子欺负的并不是他，但是亚历山大仍然感到很气愤。他是为了伸张正义，才反过来去攻击那个孩子。

我的儿子奥尔菲在他之前的学校里是校医院护士眼中的"最佳病人"，每次课间休息的时候，他都会哭着去找护士。换了新学校之后，他的同学都说他"脾气暴躁"，类似的情况屡屡发生，但每次又不尽相同。

奥尔菲是个刺猬小孩。他很喜欢上学，在课堂上表现得非常积极，老师甚至在学期末的结业证书上肯定了他"对知识的渴求"。但与此同时，他的内心积累了大量的情绪，他需要努力控制自身对这些情绪的感知与反应。就算他在课堂上接收到的多是积极的情绪，他的感受也是非常强烈的。奥尔菲就像一口高压锅，一切都在他的体内暗中酝酿。因此，任何一个同学对他做出任何一丁点儿不好的评价，他都会勃然大怒。再加上课间休息时的环境噪声，在球场上急于赢球的心情，他的情绪就更容易被引爆。几乎每个课间都是如此。

　　你如果站在操场边旁观，可能不会（至少不是马上）想到奥尔菲是个正在宣泄他过度积压的情绪的刺猬小孩，你会觉得他只是一个玩球输不起还乱发脾气的小男孩。但是，在玩智力游戏这种平静的场合下，奥尔菲就完全不会发脾气，他能够很好地疏导自己的情绪，就算对手取得胜利，他也会为对手感到高兴。

缤纷多彩的内心世界

　　刺猬小孩的内心世界就像阿里巴巴的山洞一样，是一个流光溢彩的藏宝库。

　　他们能够以一种深邃而诚恳的方式去思考人生中的问题，就像一群不自知的小哲学家。如果他们身边没有一个受青睐的伙伴和他们进行高质量的交流，那么这些有价值的思考就会一直藏在他们心里。

> **刺猬小孩的内心世界是一个流光溢彩的藏宝库。**

　　这些小哲学家往往不善于自我放松，有的时候甚至难以入睡。让那一大堆混杂的思想停止转动可不是一件容易的事。此时，阅读就是一种能够帮助他们从自己脑海中的世界走出来的好办法。

他们还拥有丰富的想象力，并会依据日常生活中发生的事在脑海中不断地编织新的故事或产生新的想法。事实上，由于感受到的东西太多了，刺猬小孩有的时候会把自己想象出来的事物和真实世界的事物弄混，因此，有些刺猬小孩很容易迷失在自己天马行空的想象之中。

朱斯蒂娜刚刚目睹哥哥大发雷霆，紧接着又看到父母吵架。这些冲突给她带来了强烈的感受，使她既伤心又不知所措。她还察觉到了爸爸表现出的暴躁情绪，这让她感到害怕。回到家里，当她把手放在门框上时，这个动作激发了她的恐惧，她突然想起大家经常叮嘱她不要把手放在门框上，否则别人关门时就会夹到她的手指。

于是，朱斯蒂娜攥着手指尖叫着跳起来——好疼呀！然而，实际上什么事也没有发生。大人们赶紧跑过来，被眼前的一幕吓了一跳。然而，他们很快就发现朱斯蒂娜的手指完好无损，连块红印都没有，便很生气地责怪她不该故意做出这些样子来骗人。事实上，朱斯蒂娜的感受太强烈了，她明确地感受到自己处于危险当中，于是她根据自己感受到的情绪在脑海中预设了接下来可能发生的事情，因

此她把那些"好像应该发生的事情"当成真正发生
的事情了。

想象力丰富本是一种优势，它可以激发强大的创造力。
不过，并不是所有的刺猬小孩都能够很好地开发这种天赋。
有些孩子会通过画画、做手工或者写作的形式把想象具象化，
而有些孩子的创造力却只停留在思维形式上。这种天赋可能
很迟才表现出来，有些情况下甚至需要等待相当长的时间，
就像等待睡美人苏醒一样。一般来说，刺猬小孩（或者成人）
都有一些隐藏的天赋，只是他们自己没有意识到而已。阻止
他们表现天赋的往往是缺乏自信，因此，父母不要吝惜对孩
子的表扬，这样能够帮助他们建立对自身能力的信心。

情绪万花筒

为了理解刺猬小孩的情感世界，我们可以想象一个万花
筒，只要稍一转动，万花筒里面那些色彩鲜明、对比强烈的
色块就开始快速地四处移动，不断地变换形状。刺猬小孩内
心的实际状况就是这样的。周围的一切都会对他们造成影响，
任何事物都有可能使他们的内心状态发生变化，一些色彩或
者说情绪沉寂下去，而另一些则会浮现出来。所以，他们会
突然毫无预兆地从体贴懂事的状态进入暴躁或易怒的状态。

从激情澎湃到自我封闭，从兴致勃勃到暴跳如雷，他们的情绪可以在一日之内起伏数次。

转动万花筒的力往往是难以察觉的，因为刺猬小孩能够感受到其他人感受不到的细微刺激。他们就像筛子一样，要将身边所有的东西都筛一遍，他们会抓住一切语言的、非语言的或是环境的信息（如环境温度是否适宜，气氛是否平静或令人愉悦等），这些信息会使他们大脑的负荷迅速达到饱和状态。

此外，他们倾向于通过自我隔离来保护自己免受过量刺激的干扰，这往往会让人错误地认为他们容易害羞或过于内向。

对完美的追求

大多数刺猬小孩都是完美主义者，不过，这种完美主义可能和你想象的不太一样。他们在一些方面会非常马虎，但在另一些方面又吹毛求疵到了刻板的程度。他们很有责任心，能够快速而敏锐地察觉到错误。对失败的恐惧常常支配着他们的行为，比如他们在某些事情上会选择逃避或者潦草地敷衍，因为他们不愿意面对困难。对自己宽容和仁慈可不是他们最突出的优势。

他们的脑海中总是充满了计划，他们还会在不知不觉中做很多设想，如果事情没有按照他们预想的方式发展，他们就会非常失望。

不可避免的疲倦

对刺猬小孩来说，无论愿不愿意，他们都会对身边各种各样的刺激照单全收，因此，他们的大脑负荷很容易达到饱和状态。这也是这类孩子特别容易疲倦的原因。一天还没过完，他们就感到很累了，但是家庭或者学校的生活节奏又不给他们停下来休息的机会，这时他们的行为举止就会受到影响，比如发火或者莫名其妙开始赌气，让身边的人难以接受。实际上，只要给予他们足够的尊重，留心观察那些能显示出他们疲倦的微小迹象，并在白天适当给他们一些休息的时间就可以了。

> **对刺猬小孩来说，平静的休憩或茶歇时间是不可或缺的。**

欧拉娜今年上幼儿园中班。中班取消了午休，午饭后的休息时间变成了阅读故事的时间。

于是每天下午回家，欧拉娜都要大发一通脾气，她会高声尖叫，扯破自己的画，还会把椅子掀

翻。欧拉娜的妈妈也是"刺猬体质",她觉得是孩子
上幼儿园过度疲劳才导致这些异常行为的,因为周
末的时候孩子一切正常。于是,妈妈就此事和幼儿
园老师谈了好几次,但是幼儿园的日程安排是不能
改变的,老师相信欧拉娜最终会适应这种节奏。直
到有一天,妈妈到幼儿园接孩子的时候,欧拉娜突
然扑到了老师身上,张大嘴在她的肚子上咬了一口,
老师这才理解了欧拉娜的痛苦。于是,第二天老师
就在教室里支了一个小帐篷,里面铺上床垫和毛毯,
并告诉小朋友们,如果觉得太累了就可以进去休息。
欧拉娜接受了这一建议,当她觉得需要休息了,就
进帐篷里躺上一会儿。从此之后,欧拉娜再也没有
发生过放学之后情绪失控的事情了。

反应时间的延迟

刺猬小孩的情绪过度积压时,可能会立刻给出反应,但
也不全都如此,有时他们也会出现延迟反应,这样就很容易
让人感到莫名其妙。欧拉娜就是延迟几个小时之后才做出反
应的,有些孩子甚至会憋好几天。因此,你不仅需要时刻留
意孩子是否过于疲惫,还要在孩子情绪失控时回忆一下之前
的两三天是否发生过什么事情,这样有助于找到孩子情绪失

控的原因。不要忘记，孩子心里不会时刻绷着一根弦，告诉自己"什么该做，什么不该做"。他们就是自己情绪的受害者，绝大多数时间里，他们根本不知道自己在为什么生气、难过、烦恼……

自己心目中的正义使者

刺猬小孩生来就是好打抱不平的人，罗宾汉、佐罗或者超人小时候很有可能都是刺猬小孩！

但是，他们会用一套个人化的评价标准来判断是非，这就导致在他们眼中主持正义的行为是高度以自我为中心的。

在刺猬小孩的日常生活中，到处都充满了"这不公平！"或"这不对！"的呼声，比如分发薯片的时候没有平均分发（所以，我每次都和我的儿子奥尔菲一起提前把薯片数清楚，以防他出现情绪波动），某个机会被优先提供给大一点的小朋友，被某项活动拒之门外，等等。他们自我设置的公平标准背后，隐藏的心理活动是害怕被冒犯，担心自己不像别人一样被爱着。

因此，你需要表现出足够的温柔和理解，并不断尝试和孩子一起去寻找解决方案。你需要反反复复地安慰孩子！这种安慰对他们的自信心来说是高质量的养料，这样做也是对孩子未来的一种投资。等到这些小小的正义使者有了足够的安全感，他们就会将注意力从自己身上移开，将兴趣转移到那些更有意义的事情中去。

┃ 你需要反反复复地安慰孩子！

小刺猬，你是谁

我很好奇

我很有
创造力

我对情绪和
氛围非常敏感

我的情感
很强烈

我会对事情
做出激烈的反应，
有时会吓到我
身边的人

我很有责任心

我擅长做那些对
速度和准确性有
要求的工作

我比较容易
当真

我的情绪
免疫系统
很脆弱

我大多数
时候是个
完美主义者

我喜欢真诚、
有深度的人

我经常哭

我很容易疲倦，
但是别人一般看
不出来

我有很强的
正义感

我有强烈的
同情心

我需要
安静的环境，
常常躲进
自己的世界里

我很容易
被感动

我总是
输不起

处于集体
中时，我希望
不被人注意

我有很丰富的
想象力

我的感受力
比别人更强，
但是我自己
意识不到

我经常感觉
自己在被人
指责

我想得
比较多，有时
会想得过多

我不喜欢竞争

我不太
宽容

我总是把注意力
放在各种细节
问题上

如果没有
外界干扰，
我便会十分
专注

建　议

无论你的孩子是不是刺猬小孩，童年时期都是影响他成年后情感发展的关键时期。不过，刺猬小孩需要父母投入更多的精力来陪伴他们。以下几点建议，能够让你更好地认识和尊重孩子的高敏感，帮助孩子度过一个平静而无忧的童年。

用一种全新的思路对待刺猬小孩

这也是本书的最终目的！

你需要用一种不同的思路来理解孩子对事物的反应。刺猬小孩比一般的孩子更难带，一是因为他们的强烈反应往往频繁出现且难以预测，二是他们的"电池"耗电速度极快，需要你给予特别的照顾才能补充"电量"。不过，只要你稍微表现出宽容、体谅的态度，他们敏感的"天线"就能立刻接收到这些信号，他会很快意识到自己是被支持和被理解的。这样既不会减弱孩子的敏感性，又能够在他们的心中播下自信的种子。

刺猬小孩和别人不同，他们自己也能感受到这种不同，他们可以将这种不同逐渐转化为一种优势。

尊重他们看似过度的反应

请你把这句话常常挂在嘴边："他不是故意这么做的，这只是他对内心感受的直接反应。"孩子的反应强度与他的感受强度是一致的。回想一下朱斯蒂娜的例子：明明什么也没有发生，她却攮着手指喊疼。但我们仔细分析就会发现，她将哥哥发怒给她造成的不安和父母吵架给她带来的恐惧，转移到了"小心，如果你把手放在门框上，手指就可能被夹到！"这段被警告的记忆中，导致了她积压的情绪瞬间爆发。

我再列举一个我妹妹弗洛朗丝的例子。弗洛朗丝也是一个刺猬小孩，不过她属于另一种类型：她会非常小心谨慎地隐藏自己的情绪，不显露一丝一毫。比如，当她不喜欢的人来我们家做客时，她可以压抑自己的情绪整整两个小时。有些人会以为这是过度胆怯的表现，但实际上，这是一种防御和自我保护。

因此，无论引起反应的原因或者反应本身是什么，你都要重视孩子的表达，不要轻视他内心感受的强烈程度。

无论发生什么，我都建议你按照以下三步来行动。

第一步，倾听孩子的话。让孩子知道你在乎他的感受。你最好能蹲下来，和孩子的视线处于同一高度，看着他的眼睛，握住他的手。这样，你的孩子会感觉到被尊重。

第二步，重复孩子的话，不要加入评判或解释。"你之所以哭，是因为你本来打算第一个去拿麦片，但是哥哥抢在了你前头"……你这样说，孩子会感觉到被理解。

第三步，一起寻找解决办法。让孩子积极寻找解决办法，并向他表示你会帮助他。到了这个阶段，你就可以向他解释你是怎么看待这件事的，或者在他不抵触的前提下，和他一起还原事情的经过。要注意，无论实际情况是怎样的，孩子的感受都是真实的。这样，你的孩子会感觉到被重视。

保护孩子积极的自我认知

无论感情是否会表达出来（有些刺猬小孩会把一切都憋在心里，完全不表露自己的情绪，比如我的妹妹弗洛朗丝），刺猬小孩对自己的看法常常都是消极的。"太羞怯""太容易发怒""永远在害怕"……在家里、学校或者朋友之间，刺猬小孩会被贴上无数个负面的标签，这让他们非常痛苦，也对他们的自我认知造成了消极影响。

因此，为了让孩子尽可能地保持积极的自我认知，父母应该在他们表现好的时候及时给予肯定，最好是在别人面前表扬他们。这种赞赏会在孩子心中留下深刻的印记，帮助孩子建立自信。孩子会因此而慢慢发现自己的闪光点，找到价值感。

保持和蔼

父母要养成谨慎措辞的习惯。不要忘记，任何一句话都有可能被刺猬小孩铭记在心。他们会记得许多曾经遭受的外界刺激和自己的应激反应，所以当下的几句重话就可能让他们产生消极的念头（"没有人爱我了""我让爸妈失望了""我不配""我什么也不是"……），他们的自信也会被严重摧毁。对于男孩，父母应注意不要提及那些荒谬的性别偏见，比如：

"男孩不许哭"；

"你必须坚强"；

"别像个大姑娘似的"；

…………

你也觉得这些话很荒谬吧？但我在接诊时常常听到类似的话。这些话不仅毫无意义，而且更重要的是，会让孩子觉得没有人在乎自己，他的自我表达也没有得到应有的尊重。

对于女孩，父母要注意避免淡化事件严重性的表达：

"女孩都这样，没什么大不了的"；

"如果因为这么点小事你就生这么大气，那就没完没了了"；

…………

无论孩子面对的是"鸡毛蒜皮"的小事，还是更重要的大事，所有带有性别偏见的表达，都会给孩子带来强烈的情绪波动。对孩子来说，自身感受远比事实更重要。

还有一个需要禁止的表达方式是："你为什么生这么大气呀？"对所有类似的问题，我在这里统一再回答最后一遍：他也不知道！他控制不了自己！

刺猬小孩已经被自己内心的强烈感受压倒了，他只能通过激烈的反应来发泄。他完全不知道该怎么做，所有的道路都模糊不清，他只知道自己被强烈的感受淹没了，除了做出激烈的反应，他什么也做不了。

如果刺猬小孩能够置身事外来审视这件事情（但是他不能），他就会告诉你："我什么也不知道，我只知道我已经崩溃了。我再也无法忍受了，我需要把情绪发泄出去。所有事情必须立刻停止。"哪怕只是妹妹把手伸进了他的薯片袋里，或者仅仅是他打算自己关门的时候你先替他把门关上了，甚至只是他在和哥哥目光相遇的瞬间感受到了哥哥眼里的不屑。

请不要忘记，如果你打算制止刺猬小孩的行为，并且表现出你认为他的行为太过夸张或令人难以忍受，这就是在不考虑刺猬小孩感受的情况下直接对他进行惩罚。这对刺猬小孩来说是难以接受的，他会因此更加坚信自己是与众不同、不被理解的，会对自己受到的不公正待遇更加敏感，进而对自己产生更多的负面评价。

引导孩子从小学会表达自己的感受

请你从自己做起。首先，你需要学会将你的感受和你所认为的孩子的感受用语言表达出来。孩子如果在一个接纳和认可情绪表达的环境中长大，就更容易理解发生在自己身上的事情。这样做也有助于开发孩子的情绪智力。

其次，为了更好地理解孩子，找到解决问题的最佳方案，你需要养成经常询问孩子意见和感受的习惯。需要注意的是，询问孩子的意见和感受不代表你一定要接受孩子的选择，或者干脆让孩子在生活的某些方面自己做决定。

让孩子表达自己的想法，你才能更好地理解他内心的感受。比如以下几种情况。

在一场电影结束后，问孩子："这个故事让你有什么感受？"

在他犹豫不决的时候，问他："你需要什么样的帮助？"

当他讲起学校里发生的事时，问他："你怎么看这件事？"

这么做的目的是打开孩子的心门，让他把自己的内心世界展露出来，这样你才能够更好地了解他是什么样的人并理解他的内心感受。

观察你的孩子

学会观察你的孩子，这样才能更好地了解他并对他做出恰当的回应。比如：

正因为我认真观察了我的儿子奥尔菲，我才能知道他对糖的摄入量非常敏感，只要稍稍超量，二十分钟之内他就会发火；

正因为我的父母认真观察了我的妹妹弗洛朗丝，他们才能知道一些人会引起她的不安，以至于她需要长时间地把自己藏起来；

正因为欧拉娜的妈妈认真观察了欧拉娜，她才能知道欧拉娜放学回家发火的原因是在幼儿园里太累了；

如果朱斯蒂娜的家人能够认真观察她，他们就会发现某些激烈紧张的场景可能会导致朱斯蒂娜在一段时间后产生强烈的延迟反应。

你花越多的时间去观察孩子，就越能理解孩子，这样你就能在面对他的自我表达时给出更加恰当的回应。

给孩子休息、安静和发泄的时间

相比于其他孩子，刺猬小孩更需要及时疏解积压的情绪以恢复精力。刺猬小孩的表现类型不同，对发泄时间的需求也有多有少，但所有的刺猬小孩都必须拥有足够的休息时间。只有这样，他们才能恢复元气，才能更加轻松地度过每一天。

保持良好的睡眠

你现在已经知道刺猬小孩相比于一般孩子而言更需要"充电"。有些刺猬小孩有着魔法般的快速入睡的能力，他们的身体因为信息过载而十分疲惫，只要困意来袭，他们眼皮一合就能立刻入睡。但对另一些刺猬小孩来说，入睡是一件非常困难的事情，过多的思绪使得他们心神不宁，迟迟无法入睡。我的建议是为思绪过多的孩子准备一本思维记录册，放在床头柜上。每到晚上，你就坐在孩子的身边，帮他记录下他的想法。打开新的一页，记录好日期，让孩子讲讲此刻他脑海里的想法。你可以告诉孩子，只要记录下来，他就再也不会忘记这些想法了，而且第二天早上起床后还可以再看一遍昨晚让他烦心的事情。这个方法对所有人来说都是安抚精神的良方。如果你也有这种因心绪不宁而难以入睡的情况，可以尝试一下这个方法。

当这些想法被表达出来之后，孩子就不会再被这些想法纠缠了。它们已经被寄存在头脑之外的地方，没有它们的干扰，孩子就可以安心休息了。

对于那些年纪比较小的孩子，强烈建议你在记录内容的末尾为他写上一句祝福语或者祈祷词，为这一小小的仪式增添些许温情："我要将这些念头托付给宇宙，希望宇宙能在我睡着的时候好好照顾它们，让我安心地睡个好觉。"

自查清单

这里有一张包含十二个问题的清单，供你自查，以判断自己的孩子是不是刺猬小孩。每个问题都需要你回答"是"或"不是"，如果你有所犹豫，则按照你的直觉来判断。

• 你的孩子有异常敏锐的感觉（比如害怕较大的声音，极度抗拒某些衣服或者某种材质，对食物的颜色或状态等极为挑剔）？

- 你的孩子在生活中非常具有正义感？

- 你的孩子会因为一些微不足道的小事而突然发怒？

- 你的孩子具有很强的同情心？

- 你的孩子极具幽默感？

- 你发现孩子经常仔细审视和思考他的生活？

- 你的孩子特别容易被感动？

- 你觉得孩子有的时候把一些事情看得太重了？

- 你的孩子有时会使用对他这个年纪来说过于深奥的词汇？

- 你的孩子对糖的摄入量（过低或过高）特别敏感？

- 你觉得孩子心思太重、担心的事情太多？

- 你觉得他格外需要被认可？

如果以上十二个问题中，你回答"是"的问题超过七个，那你的孩子很有可能是一个刺猬小孩。

不过，有些刺猬小孩的表现属于"特殊类型"，也就是说，即使你的孩子只符合以上清单中的两三条、三四条特征，但他常常表现出强烈的情绪反应，那他也很有可能是一个刺猬小孩。

刺猬小孩其实就是正常的孩子，但他常常觉得自己和其他的孩子不一样。他对周围的事物会有更强的戒备心，会对接收到的环境信息进行深度加工。他拥有这种"超能力"，但是这种能力却让他觉得自己比别人差。他常常觉得自己没有足够的能力去面对世界，在他所感知到的事物面前，他总是觉得无法保护自己。确实，他和别人有一点不一样：刺猬小孩对生活中的刺激有着异乎常人的敏感性。所有的刺激因素都会影响刺猬小孩，而每个刺猬小孩对刺激的反应都有所不同，这也就是为什么不能用一系列统一的行为特征去概括刺猬小孩。可以说，有多少个刺猬小孩，就有多少种表现类型。

专家见解

我们采访了儿童与青少年心理学家、学生心理教育学服务网站创始人卡米尔·伯努瓦（Camille Benoit）博士，她和我们分享了以神经科学的视角看，高敏感人群尤其是刺猬小孩是什么样的。

目前关于刺猬小孩大脑的研究进展如何？

高敏感是一个新近受到关注的研究领域，学界于 20 世纪 90 年代才开始进行相关研究。我们现在知道，对高敏感人群来说，他们大脑的某些区域具有高于一般水平的活跃度，其中最主要的两个区域是涉及感觉整合的区域和涉及共情的区域。

学界如何定义高敏感？

高敏感一般被描述为一种性格特质，而非一种缺陷。这种特质包括善于深入处理信息、情感反应激烈、共情能力强、能敏锐地感知细节，但也容易导致过度刺激。这种特质与个体对环境刺激的敏感度有关，这一点在脑功能水平上也可以得到证实。

学界一般利用环境敏感度的相关理论来研究高敏感。这种理论主要用来分析不同个体对环境敏感度的差异性，同时也研究人类对环境产生敏感性的机制。关于高敏感的研究，对回答"自古以来人类适应环境的能力是如何进化的"这一问题至关重要。人类（和其他许多物种一样）在寻找食物、躲避捕食者等危险时需要依赖自身的感官，在过群居生活时则需要依赖自身的共情能力，这两点是人类保护自身和繁衍的必要基础。

有学者指出，某些个体会比其他人更加敏感、反应力更强。在人群中，那些个体对环境的敏感度呈现出连续变化的状态，从钝感（环境敏感度偏低）、正常感受到高敏感（环境敏感度偏高）。各群体之间没有明确的分界线。科学研究表明，高敏感人群大约占总人口的 25%，钝感人群大约占 35%，正常感受人群大约占 40%。

刺猬小孩的生活环境是否影响他们的成长？

是的。所有的研究都显示，刺猬小孩所处的社会与家庭环境会影响他们的成长。在团结、包容、彼此支持的环境中成长起来的刺猬小孩往往不会出现行为异常，他们甚至会比正常感受人群发展得更好，拥有更强的社会功能。

反过来，如果成长在充满敌意、缺乏情感交流的环境中，刺猬小孩则可能会受到比正常感受人群更加严重的负面影响。无论是儿童时期还是成年之后，他们出现行为异常，或者深受抑郁情绪困扰的可能性都会更大。

综上，高敏感这种性格特质经过细心呵护可以转化为一种力量，但如果暴露在不适合的环境中就会成为一个弱点。

高敏感会遗传吗？

许多研究已经表明这一性格特质存在遗传现象，涉及的基因与5-羟色胺（负责情绪管理）和多巴胺（负责正反馈调节和行动动机）相关。还有研究表明，青少年群体中，近50%的敏感性差异与遗传因素有关，其余的敏感性差异主要受环境因素影响。因此，可以说高敏感受遗传因素影响。

高敏感儿童和高潜力儿童之间存在联系吗？

由于相关研究并没有得出一致的结论，因此这个问题目前还比较难回答。有学者坚称高潜力和强大的共情能力、易焦虑、情绪控制困难等特征之间存在联系，但也有学者对此进行了反驳。有些人甚至提出了相反的假说，认为高潜力人群出现焦虑或抑郁情绪的概率低于一般人群。"高潜力"这个名词本身就没有清晰的定义，而且它又是相对较新的研究领域，所以目前还很难得出"高潜力人群一定会表现出高敏感性"的结论。

有一点需要注意，所有来到诊所的病人，他们本身就处在困扰之中，或者他们已经意识到了自身性格给自己造成的麻烦，所以，我们遇到的那些出现情绪问题的高潜力儿童未必能够代表整个高潜力人群。还有一些高潜力儿童可能从来没有遇到过情绪问题，因此也不需要和我们接触。

我们在接诊时遇到过很多具有高敏感特征的高潜力儿童。我们观察到他们的共情能力非常强，对不公平事件非常敏感，对世界上的灾难非常担忧，等等。其中，有些孩子会完全被自己的担忧等情绪淹没，无法控制自己，因此他们会出现愤怒、难以入睡、严重焦虑等问题。我们遇到的高潜力儿童基本上各种感觉都极为敏锐，比如听觉、嗅觉、味觉等。这些敏锐的感觉会给其中的一些人造成困扰，尤其是在课堂上，一丁点儿噪声就足以让他们分心。

第二章

婴幼儿期就异常敏感的
刺猬宝宝

　　每个宝宝在婴幼儿时期都是脆弱和敏感的，但是有些宝宝天生就比同龄宝宝更加敏感，因为他们的神经系统有着超出平均水平的反应能力，他们就是"刺猬宝宝"。刺猬宝宝会通过十分频繁的哭泣来对外界刺激做出反应并释放自己的情绪。

　　刺猬宝宝能够感受到的刺激阈值是非常低的，他们对声音、光照、环境颜色、冷热的变化非常敏感，对饥饿和干渴的反应也十分迅速。他们或是做出激烈的反应来自我排解，或是切断与周围的联系来自我保护。对他们来说，这个世界是充满敌意的。

> 刺猬宝宝天生就比同龄宝宝更加敏感，因为他们的神经系统有着超出平均水平的反应能力。

然而，许多刺猬宝宝在婴儿时期并没有被识别出来。在生命的最初阶段，他们没有显示出超乎寻常的敏感度，有些宝宝甚至特别安静乖巧，能够专注于自己所处的环境。在一些情况下，这要归功于父母给予了刺猬宝宝足够的关注，以及新手父母自身极强的适应能力；而在另一些情况下，这只是因为某个时间段内刺猬宝宝没有被外界刺激所干扰，觉得自己足够安全。为了不引起父母们不必要的负罪感，我们要在此说明，对某些刺猬宝宝来说，就算父母用尽全力去保护、安抚，他们也还是会哭泣，因为他们需要哭出来。

奥尔菲还是婴儿的时候，大家给他起了个昵称，叫"佛系宝宝"。他出生后的第二天，就能够露出真正的微笑了（不是那种反射性的微笑，而是舒适轻松的笑容）。他白天非常乖，非常好带，但到了晚上就是另外一种情形了，在他满十八个月之前，我都没有睡过一个囫囵觉。他小时候完全不能忍受冲突和口角。只要我稍微抬高一点调门（通常不是冲他而是冲他哥哥），他就会抱住我的腿，如果我正蹲着，他就会抱住我的头，说："好啦，妈妈，妈妈抱抱。"他的高敏感的表现方式就是回避一切冲突（现在已经大有改观）。

我的孩子是刺猬宝宝吗

由于婴儿表达不满或不适的主要方式就是哭，因此孩子的哭泣是你判断其感受力阈值的重要指标。刺猬宝宝会比其他的宝宝哭得更加频繁，而且非常容易疲倦，对许多身边的人难以察觉或不大在乎的刺激表现出高度的敏感性。也有一部分刺猬宝宝会有不同的表现，他们会更加平静，就像我的儿子奥尔菲在某些情况下那样。在这种情况下，你可以通过观察孩子的注意力来判断他是不是刺猬宝宝：一般来说，刺猬宝宝更喜欢观察事物，他们会好奇地分析周边的一切。

如果父母中有一位是高敏感者，那你就要特别当心了。刺猬宝宝就像身上安装了最新款的传感器一样，能够对环境进行细致的感受和分析。无论是房间温度、总体氛围、父母的紧张情绪，还是极微小的声音，所有这些信息都会在瞬间被他们捕捉和分析。这就是为什么这种模式（虽然不是自愿的）会导致他们特别容易疲倦。

所有宝宝的表达方式都是哭，无论他们是不是刺猬宝宝。哭代表着一种不舒服的感受：他们可能是饿了、困了、冻着了或热着了、感到害怕、因为弄脏了的床垫而感到不适、接收到太多的刺激或者接收的刺激不够……对新手妈妈来说，在孩子出生后的最初几周内，想要分清这些哭声背后的具体原因是很不容易的。不过最重要的是，不要放任宝宝独自哭泣，一定要去安慰他。

永远不要在宝宝哭泣的时候放任不管，永远不要！

你的父母或者亲戚或许会告诉你，他们那个年代照顾婴儿的方法更有效，他们带出来的孩子完全不会像现在的孩子那样任性。

显然，几十年前照顾孩子的方法不可能是完美的。如今，从神经科学的研究结果来看，我们可以明确地告诉你，在宝宝哭泣的时候把他抱在怀里安慰他，并不会使宝宝变得任性。正相反，这能使他的身心更健康，是对他未来的一种投资。这一结论是有科学依据的。

在宝宝哭泣的时候把他抱在怀里安慰他，并不会使宝宝变得任性。

的确，如果宝宝哭的时候你不去管他，那他早晚都会停止哭泣。然而，因为意识到无人理睬自己而自行停止哭泣，以及因为在父母的怀里听着父母的安慰感到安心而停止哭泣，这两者之间有巨大的区别。在第一种情况下，宝宝的大脑会分泌压力激素皮质醇，皮质醇会破坏未发育成熟的大脑功能，减缓前额叶皮质（大脑中主要负责情绪自主调节的区域）的发育。而在第二种情况下，大脑会分泌催产素，这是一种令人感到幸福愉悦的激素。

那些哭泣时父母给予安慰的宝宝，会获得更强的内在安全感。父母的安慰能够使宝宝的大脑功能发育得更完善。那些因为无人理睬而自行停止哭泣的宝宝，会意识到自己的需求就是单纯地被忽视了，他们会变得不自信，也不会对周边的环境产生安全感。最终，这些宝宝长大后可能会失去自我，这与父母放任宝宝哭泣的目的显然是背道而驰的。

鉴于刺猬宝宝更容易暴露在刺激之中，对刺激也更敏感，他们的不安全感随时都有可能来袭，因此父母应该特别注意，要尽可能及时地去安慰刺猬宝宝。

有的时候，就算你尽己所能地看护宝宝，温柔地对他进行安抚，但他还是一直哭，很久都没法平静下来。这也没关系，你要明白，哭泣是宝宝释放自己内心积压的情绪和接收到的过多刺激的必要手段。

在这种情况下，你要先保证自己情绪平静，再把宝宝抱在怀里，温柔地和他说话。如果他还是不能安静下来，你可以检查一下宝宝的尿布，再看看他是不是渴了或者饿了，如果都不是，那就让他靠在你身上哭，而你自己则保持平静而稳定的呼吸节奏。最能够让他感到安全的，就是你的声音和你的气味。

宝宝一直哭的原因也可能是接收了过多的外界刺激。在这种情况下，你可以把孩子放到床上或者抱在怀里，不管怎样，都要和宝宝保持身体接触（比如伸一只手给他拉着，或者将一只手放在他身上），这样能够给宝宝更多的安全感。

父母在准备和宝宝分开的时候需要特别注意。刺猬宝宝特别需要稳定感和安慰，所以和父母分离时会十分困难。

你可以养成穿同一件 T 恤衫睡觉的习惯，这样的话，如果你需要离开宝宝一段时间，就可以把这件 T 恤衫留在宝宝身边。一定要给宝宝足够的关心，但也不要过度保护，只有掌握好两者之间的度，才能让宝宝在自由成长的同时建立起足够的自信。

建　议

谁也无法生活在棉花城堡那样的童话世界里，你也不能永远把你的宝宝放在保温箱里。既然这样，该如何帮助宝宝适应这个世界呢？

关注宝宝的状态，更要关注自己的状态

这里要说的就是"肌肉 - 情绪"表达，肢体的紧张度会泄露我们内心的情绪。当你情绪不佳的时候，你的宝宝能够察觉到你身体肌肉的紧张度，捕捉到你声音中最细微的变化，并从你的视线中察觉到你无暇顾及他。他没法理解发生了什么，只会让自己陷入深深的不安。

所以，最关键的是，要有意识地向宝宝传递这样的信息——你是关注他的，你就是他最安全的庇护所。这不是让

你在状态不佳的时候故意隐藏自己的情绪或者避开宝宝，而是希望你在拥抱他之前，给自己一点时间，平复一下心情，将呼吸调整好，再向宝宝解释你现在不太开心或比较疲倦，但这和他没关系。宝宝就算不能完全听懂你的话，也能够理解你想要表达的意思。

细心观察宝宝的肌肉状态

宝宝没有办法将他的想法直接说出来，但肌肉的紧张度可以传达他的感受。这就是"初级沟通"。

宝宝在感觉舒适和满意的时候，身体是完全放松的，此时他才能微笑或者牙牙学语。当宝宝受到干扰时，他就会身体绷紧，开始乱动，很快就会哭起来。当他被过量的信息淹没的时候，他也可能会避开你的眼神，切断和你的交流，就像前文提过的那样。了解了这些，你就拥有了一套解码器，就可以更好地保护宝宝，使他少受外界刺激的干扰，也能够更好地满足他的需求。

和宝宝建立坚韧的纽带

当宝宝受到外界刺激时，这条纽带能给他带来平静和安心。这条黄金般的依恋纽带，会在宝宝日后与他人交往的各种场景中发挥作用，让他受益一生。

包裹是最好的安慰

当宝宝还在妈妈肚子里的时候，他是被暖暖和和地包裹着的。宝宝以蜷缩的姿势处于羊水中，皮肤时刻与羊水接触着，而分娩使得他来到一个温度更低的环境中，身体也失去了羊水包裹力的支持。刺猬宝宝比其他宝宝更需要感受到自己的身体被包裹着，这样才能有安全感。无论是环抱住宝宝，让宝宝的身体蜷缩起来，还是用毯子把宝宝全身包裹起来，都是可以的。要在宝宝的身体周围创造一层包裹他的"肌肤"，这样才能够让他安心。

> **宝宝需要感受到自己的身体被包裹着，这样才能有安全感。**

• 宝宝出生后，尽量给他穿长款衣物（即使在夏天），这样能够使宝宝的皮肤完全被布料包裹。

• 相比于婴儿车，我更建议你选用婴儿背带，这样宝宝能够像在子宫里一样蜷缩着贴在你的胸前。

• 当宝宝哭泣时，你可以将他摆成蜷缩的姿势，用手托住他的脚，让他的双腿蜷起来，再将他的双臂折叠着放到你的胸口上。这一蛙式姿势和宝宝在子宫里的姿势是一样的，能够给宝宝带来极大的安全感。

• 为宝宝布置一个窄小的睡眠空间，比如让宝宝睡在手提篮或者摇篮里（而不是把宝宝平放在床上，身边没有任何支撑物），宝宝感受到自己的身体被环绕着时会更加安心。

肌肤接触

如果宝宝经常哭，肌肤接触能够有效地安抚他。

婴儿刚出生时，如果是顺产，助产士就会将新生儿放在妈妈的胸口上，这就是宝宝与妈妈的第一次肌肤接触。在这一珍贵的母子甜蜜相遇的时刻里，肌肤接触能够缓解从子宫羊水环境转换到外界空气环境给宝宝带来的冲击。这样的肌肤接触每天都可以进行一遍，在安抚宝宝的同时，你还可以建立一条让宝宝充满安全感的纽带。

肌肤相亲，胸膛相贴，躺在同一个被窝里，妈妈与宝宝之间交换着彼此的体温，两颗心的跳动同频共振，爱与安全感便以一种难以言传的方式在母子间流动起来。这种美妙的交流对妈妈和宝宝都是很有益处的。

• 肌肤接触能使宝宝快速安静下来，让他的呼吸和心跳的节奏变得稳定，他也会更容易地在妈妈怀里找到乳头来吮吸。肌肤接触的时间延长至大约一个小时，宝宝体内的压力激素水平会显著下降。

• 肌肤接触还会使妈妈体内的催产素水平升高。催产素是一种能给人带来幸福感的激素，它能够促使妈妈分泌乳汁，并加强妈妈与宝宝的依恋关系。同时，催产素还能提升妈妈对自身能力的自信，缓解育儿焦虑。

─── **温馨提示** ───

需要注意的几点：让宝宝采取趴着的姿势，胸脯贴在妈妈的胸脯上，双腿并拢弯曲，头朝向一侧，颈部保持在脊柱正中线上，呼吸道保持畅通。在这个过程中，妈妈一定不要睡着，以避免将宝宝置于危险当中。

建立充满安全感的情感联结

出生后的前三年，尤其是第一年，对宝宝内在安全感的建立和自信的培养是最为关键的。

婴儿的大脑敏感脆弱，但可塑性极强。大脑的发育和神经元之间建立连接的程度，取决于婴儿身处的环境和外界对他们的回应。每个婴儿都携带着一套属于自己的遗传信息，这套遗传信息使他在面对不同的环境（包括父母的回应、环境压力、各种污染源等）时会做出不同的反应。

根据神经科学的研究成果，我们现在知道，孩子的生长环境会影响他的遗传信息中某些特定基因的表达。

遗传学家布鲁斯·立普顿（Bruce Lipton）称，每对父母都是"真正的基因工程师"。妈妈从怀孕开始，她的情绪、反应，以及她同爸爸与宝宝所建立的联系，都是对宝宝未来的投资。

> **宝宝在满一岁之前完全依赖于他所处的环境，因此，宝宝能否获得安全感取决于父母。**

婴儿还不能理解自己所看到的或者所感觉到的事物，因此他处理自身感受的方式比较原始。婴儿需要的是平静、稳定、前后一致、可预测的反应，这样的反应能使他们知道该如何应对在日常生活中的事情，比如更换房间、在祖父母家过夜、窗外摩托车的一串轰鸣、一场风暴、一阵大笑等，所有诸如此类的事情都会给婴儿带来情绪波动，而这些情绪波动无论是对刺猬宝宝还是对其他宝宝而言，都是过于强烈且难以理解的。

充满安全感的情感联结正是通过日常生活中的照顾、爱抚、做游戏及父母对孩子情绪表达的回应而逐渐建立的。在孩子的情感生活中播撒下愉悦、安心、爱与安全感的种子并让它们生根发芽，是父母需要完成的工作。

--- **温馨提示** ---

有时，一些父母很难对宝宝做到真正意义上的陪伴。面对响个不停的手机、等着收拾的家务、急

需完成的工作，他们很有可能只顾得上让宝宝吃饱穿暖、保持卫生，而对宝宝情感和心理上的需求力不从心，无法为宝宝提供更多的关爱。

如果你遇到了以上情况，请回头审视一下你和你父母的情感关系，去和信得过的朋友聊一聊，先放下你和父母的关系给你带来的恐惧和疑惑，再去和你的孩子建立一种不同的亲子关系。照顾好自己是照顾好宝宝不可或缺的前提。

既要避免刺激过度，也要防止刺激不足

我们的世界充满了各种"新品好物"，消费主义盛行的社会连襁褓中的婴儿也不会放过：自带音效且五颜六色的婴儿旋转床铃、小动物形状的婴儿健身架、双语婴儿游戏毯……仿佛只要你不放过任何一个给予宝宝刺激的机会，就能把宝宝打造成"牛娃"，早早锁定顶级大学。

千万记住，类似的观点都是完全错误的。要知道，旋转床铃或者健身架并不是必需品，它们可能会带给宝宝过多的刺激，使宝宝的感觉器官超负荷运转，宝宝会因此长期处于过度应激状态，尤其是刺猬宝宝。花里胡哨的玩具可能会使刺猬宝宝负载严重过量，在一段时间的延迟之后，他会开始大哭，否则他就无从卸载超量的负荷。

如果你希望宝宝能有理想的未来，那么对他最好的投资就是高质量的陪伴。陪伴能够给宝宝提供一个让他安心的环境，激发他的好奇心，增加他的身体活动，并促进他的大脑发育。

• 保持周围环境的平静和稳定，但也不需要将孩子置于完全安静的环境之中（因为日常生活中不可能完全无声）。避免让宝宝暴露在父母或者兄弟姐妹间的冲突氛围中，不要在宝宝面前吵架，因为争吵会刺激宝宝分泌大量的压力激素，使他产生强烈的不安感。

• 和宝宝说话时要控制好语气和音量，避免大声讲话、语气过于激烈。

• 宝宝出生后的最初三个月里，尽量减少亲朋好友上门拜访。

• 将旋转床铃和有声玩具从宝宝的睡床和游戏毯上拿开。

• 禁止做粗暴的游戏。宝宝和你一样是人，而不是玩具或者需要逗弄的小动物。因此，所有类似于"叫爸爸"这样的无聊游戏都应该被全面禁止，比如不停地摇晃什么东西来逗宝宝笑、将宝宝反复地举高或者不合时宜地在宝宝肚子上吹气等。没错，这些举动可以让宝宝笑，但同时也会让宝宝的大脑不断接受刺激，只要一小会儿，宝宝就会因过度刺激而哭闹不止。

• 出门时，尽量使用婴儿背带而非婴儿车，这样能够减少外界环境对宝宝的刺激，同时也能让宝宝在你的怀里感到安全。

关注周围的每一处变化

刺猬宝宝对任何变化都是非常敏感的，往往会给出激烈的反应。有时，仅仅是家中难以察觉的细微的变化都有可能引起宝宝的一场大哭，比如，衣物的更换、牛奶的更换、床上被褥的更换，或者父母中有人嗓子哑了。这些变化会打乱宝宝的认知参照点，让他陷入不安。

因此，习惯的养成和日常仪式感的建立是非常重要的。但是，我们无法控制一切可能发生的情况，所以最重要的是细心观察，快速了解发生了什么，并及时给予宝宝安慰。

> **周遭环境的变化会打乱宝宝的认知参照点，让他陷入不安。**

与宝宝说话

前文提到过，就算宝宝不能完全听懂你说的话，但是他一定能够准确无误地理解你的意图。所以，多与宝宝说话，和他聊聊你情绪爆发时自身的感受，或者告诉他你完全理解他正在经历的事情。

鼓励自由的肢体运动

宝宝会通过操纵自己的肢体来体验自主性。因此，让宝宝自由地探索空间、抓握物体并感受它们的形状和质感等至关重要。一般来说，为了促进宝宝精神运动能力的发展，精神运动学家推荐每天留出一段时间让宝宝在地上自由爬行。

比如，把宝宝背在背上、放在厚垫子上或者地毯上，这样能为他创造自由的活动空间，让他可以自行探索肢体的能力，满足他不断增长的好奇心。

在宝宝容易够到的地方放上两三个形状、质地、颜色不一样的玩具，这些玩具可以经常更换（每天一换或者两三天一换），以此来不断刺激他的好奇心。你可以在宝宝身边陪着他，主动向他展示那些玩具。

尊重宝宝精神运动能力的发展过程，千万不要勉强将他摆成一个他无法保持住的姿势。

举例来说，不要用毛巾或靠垫等强行将宝宝固定在坐姿状态，也不要通过把他夹在你的两腿之间或者扶着他的骨盆来勉强让他站起来。当你要求宝宝做出一个对他来说仍不自然的姿势时，他身体中尚未发育完全的肌肉就会受到刺激，从而可能引起肌肉的过度收缩。这会妨碍身体对原始反射（婴儿出生时就有的先天性反射，在适当的时候会逐渐消失）的抑制作用，还会给身体造成不必要的紧张感，让宝宝感到不适。此外，尽量不要把宝宝放在折叠躺椅上。宝宝需要能自由活动肢体的空间，把他放在躺椅上会妨碍他自由活动。自发且自由的运动不仅是培养宝宝探索能力的最佳方式，也是促进宝宝大脑发育最好的手段。运动能够刺激神经元连接，从而促进智力发育。

自由运动还可以让宝宝按照自己的节奏成长，如果他在探索自身运动功能的过程中是完全自主的，那他就能获得更多的自信。

为宝宝做按摩

按摩是放松身心、安享温情的理想活动。你想想，成人为了享受按摩，愿意花多少钱！宝宝，尤其是刺猬宝宝，同样需要这种放松活动。首先，按摩能够帮助宝宝感受自己身体的轮廓（我们在这一章前面的内容中提到过，这对宝宝来说是极为舒适和安心的体验）；其次，按摩能够让宝宝放松身体；最后，按摩还有助于加深亲子间依恋的情感联结，给宝宝带来强烈的幸福感与舒适感。

▎ 按摩是放松身心、安享温情的理想活动。

你没有接受过专门的婴儿按摩培训？完全不必担心！你可以去找专业的婴儿按摩师或者去家附近的妇幼保健所（你还可以在那里认识更多父母，与他们分享育儿心得、交换联系方式，最重要的是可以获得你最需要的支持和鼓励）。你也可以在视频网站上找到丰富的教学视频，或者按照自己的感觉来尝试。相信自己，这没有那么难。

如果你打算自己动手尝试给宝宝按摩，以下几个建议或许可以帮到你。

• 让自己以舒服的方式站着，保持环境安静、温暖，防止宝宝着凉。然后，取少许按摩油（甜杏仁油是首选，不过所有的植物油都可以，有机的更好，可以根据你和宝宝喜欢的气味来挑选）。

• 保持平静和放松，这样你的动作才会流畅，才能让宝宝感到舒服（不要忘记"肌肉－情绪"表达，见第 37 页）。

• 给宝宝按摩时，主要的动作应该是包裹、覆盖，或者温柔地按压肌肤。只有轻柔的按压才能使肌肉放松，轻拍或者挠痒可能会起到反作用。

如果你希望获得更多的具体指导，我在此推荐一本参考书：弗雷德里克·勒博雅（Frédérick Leboyer）的《香塔拉：传统的儿童按摩艺术》（*Shantala, un art traditionnel, le massage des enfants*）。你可以结合书中的插图一步步学习给儿童按摩的技法。

用手语和孩子交流

你或许不知道，不需要等到宝宝开口说话，你就可以和他交流了。你和宝宝可以一起使用一套手语来进行快速而高效的肢体交流。

你并不需要专门去学习听障人士使用的标准手语，你只需学习三十个到五十个手势（实际上，十个到二十个已经足够了），就可以和宝宝进行沟通了。由于宝宝手掌和手指肌肉比舌头肌肉发育得更早，因此相比于口语来说，手势和面部动作是宝宝可以掌握的第一种交流方式。

理想状况下，宝宝出生后的第三个月你就可以教他使用手语了。让宝宝"预习"这些手势，这样到第六个月的时候，他就可以模仿你使用手语沟通了。

温馨提示

不必担心，手语的使用并不会影响宝宝学习口语表达。一旦他能够开口说话，他就会自动放弃手语表达。

你需要找到一份基础手势的清单，也可以在互联网上寻找教学视频。只要你提前练习好这些手势，再把语言和这些手势联系起来就行了（比如，一边做表示睡觉的手势，一边说出"睡觉"这个词）。注意，手势一定要和适用场景相匹配，刚开始的时候可以多重复几遍。

就安抚刺猬宝宝情绪这方面来说，这种交流是一种有效的方式：只要能沟通，宝宝就能将自身的感受表达出来，愤怒和沮丧也会随之减弱。有了手语，你的宝宝就可以比别的宝宝更早地进行自我表达，你也能更快地发现让他感到不快的原因。

你好，
世界

第三章

强烈的情感

如果在本书里只能谈一个与刺猬小孩有关的话题，那么这个话题就是情感。对刺猬小孩来说，无论是立刻被激烈地释放出来的情感，还是勉强被压抑的情感，都是强烈甚至极端的。这些情感会导致他们不受控制地产生以下行为或心态：赌气、愤怒、哭泣、感觉受辱、渴求正义、在游戏中耍赖、对玩笑不理解、感觉受害等。没有什么事情是真正简单、轻松的。

愉快或不愉快的情绪就像海啸一样汹涌地冲击刺猬小孩的内心，把他们瞬间淹没。随之而来的反应，无论是瞬间爆发还是彻底呆滞，都是与感受的激烈程度相匹配的。他们的情绪有一个特征，就是像浪潮一样汹涌而来，冲击心灵，不久后又退去，给之后的第二轮浪潮留出空间。所以，他们的情绪是不稳定的，可能会快速地变换不同的情绪。

愉快或不愉快的情绪会像海啸一样汹涌地冲击刺猬小孩的内心，把他们瞬间淹没。

刺猬小孩还有一个公认的特征，就是他们的情感特别丰富，因为刺猬小孩的整个记忆都是滋养情感的肥沃土壤：他们的情绪由感受引发，然后被记忆里的事件重塑，比如家人的要求、自己的想象，或者自己与他人之间的关系。因此，一定要耐心地去理解孩子的情感记忆，尽管你往往只能触及表面。一般来说，记忆土壤的深处是无法窥探到的，即使你和孩子之间的关系是平等、友善的，也很难做到。

我能给你的最好建议，就是细心观察孩子，敏锐地察觉不同情境下的各种信号，并学会应对孩子情绪的"雪崩"。情绪崩溃一旦开始，就是无法阻挡的。崩溃的孩子完全没有理性，无论他们处在什么年纪。有的时候，这些反应也不是立刻出现的，孩子虽然被情绪所淹没，但还可以忍耐。然而，当他们的神经系统被汹涌的信息流撑满后，他们就会因为另一件事情而爆发，而此时的爆发本质上是在宣泄之前被压抑的情感（有时可能会延迟数天）。

奥尔菲在学校的时候被班里的一个男生欺负了，他在从学校回来的路上跟我丈夫说了这件事。等到吃晚饭的时候，在常规的"今天过得怎么样"（What's up today）环节中，他把自己的遭遇告诉了家里所有人，每个人都给他提了建议。尽管他告诉我们他没事，但我还是能够感觉到他非常不开心。

第二天早上起床，我丈夫去他的房间拉窗帘，奥尔菲对着我丈夫大喊大叫，说他需要安静，他想起床的时候自然会起床，不需要别人叫他。他大发了一通脾气，几乎快要哭出来了，起床气相当大。

我们可以停留在事情的表面，为奥尔菲发脾气而惩罚他。但是，我想到了他昨天的情绪状态，觉得他发火可能并不是针对我丈夫，而是针对那个欺负他的男孩子，因此我给予他加倍的关注。等到出门的时候，他已经恢复了好心情。

刺猬小孩清楚自己的情感比较脆弱，因此他们常常回避情感激烈的场合。他们既不喜欢惊喜，也不喜欢惊险刺激的游乐设施。

不过，承受这种超负荷的情绪是非常辛苦的。如果孩子能得到他人的理解和陪伴，那么原本沉重的情绪负荷就可能会转化为一种情感优势，成为创造力的源泉（在艺术方面、人际交往方面，或者爱情体验方面）。

对我来说，情感优势指引了我的职业方向；我的朋友热罗姆则因情感优势成为静物摄影师，致力于发掘不易被察觉的美；我的妹妹弗洛朗丝利用情感优势进行儿童文学创作；我的一个病人将情感的力量转化为曼妙的舞姿，广受观众喜爱……

所有这些都是为了告诉你，在养育刺猬小孩的过程中，你需要有足够的耐心，优先重视情感的表达。孩子在情感表达上得到的关注越多，他就能越快地将其转化为一种优势。

> **优先重视刺猬小孩的情感表达。**

现在，我将根据亲身经历来谈一谈刺猬小孩可能出现的几种情感。根据孩子表达模式的不同——更喜欢表露还是更倾向于压抑（外向还是内向）——你可以在下面的各种情境中或多或少地找到自己孩子的影子。外向的刺猬小孩更擅长表达，内向的刺猬小孩则不善于表达，但是这不代表他的内心感受不强烈，因此，努力了解内向刺猬小孩的内心世界是非常必要的。

愤怒

对外向的刺猬小孩和他的家庭来说，愤怒是最难处理的一种情感。刺猬小孩的愤怒往往暴烈且难以预测，而且会消耗掉他大量的精力，让他感到极为疲倦。

愤怒一般是由刺猬小孩价值体系中的不公平感引起的，他们对不公平的概念有着更为个人化的解读。

萨姆刚刚发了一通脾气：他本来想去关车门，但是爸爸先一步把车门关上了。"这不公平！"萨姆大喊道，"你没有权利去关车门！"萨姆的爸爸蒙了，他一直很注意避开可能会让萨姆产生情绪波动的事情，但是他实在不能理解为什么萨姆会有这种反应。

萨姆的父母感到实在无能为力，于是去找心理医生咨询。"真的不知道他为什么发脾气。我们也不能为了他终止一切正常生活！"他们还说，在身边人眼中，萨姆是个喜怒无常的孩子。两次就诊之后，医生跟萨姆父母解释，萨姆对自己打算做什么非常清楚，他时刻都在做着大量的计划，因此，如果有人"抢了他的那份"，即使那个人不知道他打算做什么，萨姆也会觉得受到了不公正的对待：没有人理解我，没有人爱我！

萨姆的父母采纳了心理医生的建议，和萨姆做了一个约定。萨姆需要学会讲出他打算做什么，把他心里的计划全部表述出来，无论大小，比如打算去关车门，因为他想听车门关上时的"咔哒"声。一开始，这对萨姆来说有点困难，因为他还没有养成表达的习惯。但是慢慢地，萨姆就喜欢上了这种游戏。父母发现他满脑子都是计划，他们之后对医生说："我们简直没法相信他的小脑瓜里能装下这么多东西！太不可思议了！"

这种受到不公正待遇的感觉往往和不被理解的感觉一起出现。

　　我的儿子奥尔菲在情绪起伏特别大、表现出一种出离愤怒的时候，会一边大哭一边重复："你们听我说，听听我说的话……你们听我说话呀！"我在很长一段时间内都不知道怎样对此做出正确的反应，还花了很大力气去寻找解码他思维的方法，真是枉我这个做妈妈的自己还是只"刺猬"，还是个情感方面的专业治疗师呢。我蹲下身，保持自己和他视线平齐，拉住他的手，温柔地对他说："奥尔菲，妈妈在听你说话，告诉我你的想法。"但是，这没有任何用处，他还是不停地重复"听我说话"。每次遇到这种状况，我都会产生深深的无力感，并与他的强烈感受共情，然后自己也开始哭起来，我甚至会为此感到生气而变得暴躁。直到我开始拉开距离、不再代入自己的情绪，我才终于理解了奥尔菲那句"听我说话"背后想传递的真正含义。他想说的是："听听那些我没说出来的话，听听那些留在我脑子里的东西，听听我的感受。"他说这句话的目的是希望别人明白，他内心的感受特别强烈，但他就是说不出来，所以他感到没人理解他，心里特别难过。

理解了这一切之后，我这样告诉他："我在听你说。我听到你说你的情绪很激烈，让你难以承受。我听到你说你的想法难以表达，让你很痛苦。我听到你说你觉得自己不被理解。"终于，奥尔菲能够平静下来了。

刺猬小孩在生气的时候，这种被愤怒冲昏了头的情况特别常见。即使他努力想要思考一些别的事情，他也会发现一切事物都被他的情绪扭曲了，四处都涂抹着奇怪的、让人不适的色彩。我的儿子奥尔菲曾经试着给我解释："举个例子，就像在滑雪的时候，我看到的雪板就像变形了一样；在生气的时候，我看到的所有景象就像雪板一样是扭曲的。"

不要贬低孩子的感受。比如，在萨姆的例子里，如果爸爸说："不就关个门嘛，有什么大不了的！"要知道，愤怒是真实的，这就代表着孩子确实在经受着折磨。重要的不是他的愤怒是不是无理取闹，而是他的愤怒是真实存在的。

学会引导孩子将感受表达出来，比如"你很生气，因为你原本想自己关车门，而我却抢先了一步"。然后萨姆的爸爸需要向萨姆解释清楚，时光不能倒流，但他们可以一起想想解决办法。"我们现在该怎么做呢？要不我们回到车上，重新下一遍车，这样你就可以自己关车门了，怎么样？"当孩子参与到制订解决方案的过程中时，他就会感觉到自己是生活的积极参与者，也就能得到一些安慰。

我在接诊时经常碰到父母提出这种问题："如果我们纵容孩子在鸡毛蒜皮的小事上随意发脾气，他会不会觉得这样是正常的，然后就永远这样了？如果我们不对这种任性的行为加以惩罚，孩子会不会变成讨人厌的'小霸王'？"我的意见是，这样的担心完全是多余的。这种论调背后的逻辑是，如果大人没有威严、不给予惩罚，孩子就会踩到大人头上去。

这完全是荒唐的。有些刺猬小孩确实在惩罚和威严之下表现得很顺从，但是他们的内心就会因此而产生强烈的自卑感。如果父母在他们的成长过程中对他们的状态表现出更多的理解，那不仅能够让他们感觉到自己不孤单、受尊重，自尊心得到了保护，还有利于锻炼他们自己寻找资源和解决办法去稳定情绪的能力。因此，这是一项对孩子现在和未来的身心健康都十分有益的重要投资。

恐惧

相比于同龄人的平均水平，刺猬小孩的恐惧要更强烈、更夸张，这与刺猬小孩的其他情感是一样强烈的。

有些刺猬小孩并不比一般人更容易感到恐惧，但当他们害怕时，内心恐惧的强烈程度是远超一般水平的。在大多数情况下，引起他们恐惧的就是很多小孩都会害怕的东西，但是活跃的想象力会使刺猬小孩在感知过程中将刺激源夸张化。

> 索菲娅害怕狗。她的妈妈说，这是因为之前有一天索菲娅身边跑过去一只大狗，把她吓了一跳。她既没想到会突然碰到一只动物，也没想到这只狗居然这么大。从此索菲娅就开始怕狗，只要看到狗，她就吓得不行，立刻绕道走。

对非高敏感的孩子来说，这种与某一特定事件相联系的恐惧往往很快就会消失。父母只要安慰一下，"别看它个儿大，它可乖了"或者"它之所以叫，是因为它自己也害怕"等，孩子的情绪就会慢慢平复下来。

但刺猬小孩就完全不是这么一回事了，他们的想象力会唤醒所有与力量相关的阴暗景象，他们的脑中会瞬间出现大狗跳起来咬他们的腿的画面。虽然这个情景并没有发生，但是他们的感受过于强烈，以至于他们觉得它真的已经发生了。父母尝试着去安慰他们的时候，那些简单的话语并不足以消除他们想象的画面，以及由此激起的感受。就这样，刺猬小孩对狗的恐惧逐渐定型，甚至可能因此患上恐犬症。

刺猬小孩丰富的想象力还特别容易唤起他们内心对夜晚的恐惧。

当令刺猬小孩恐惧的物体从眼前消失后，他们内心对恐惧的想象就会活跃起来。就像潘多拉的魔盒被打开一样，想象力将白天隐藏的那些恐惧和夜晚反复出现的恐惧全部释放出来，如对怪物的恐惧、对狼的恐惧、对迷路的恐惧或者对不能自我控制的恐惧等，理性早已消失得无影无踪。

如果你的孩子属于上述情况，那就请你每晚拿出一点时间，让他把恐惧表达出来，然后你可以和孩子一起寻找解决的办法。一定要尽可能减少他入睡前的焦虑。特别需要注意的是，不要低估他的恐惧程度，不要扔下他一个人，让他独自处理自己的感受。这会严重影响他的睡眠质量。

还有一些刺猬小孩对周遭发生的情况特别敏感、反应特别强烈，因此，他们感受到的恐惧远超平均水平。

几年前，我让我的儿子和我的继女一起动手写童书。我们先把纸页叠起来，然后缝好，做成书的造型。接着，我让他们给书画一幅封面图，再为书想一个书名。奥尔菲画了一张歪歪扭扭的笑脸，然后让我替他写下书名"那些我有点害怕的东西"。然后，他在书中把所有让他感到害怕的东西都记下来并配了图：蜘蛛、旋转木马、被人批评、洗头（那个时候他很害怕洗头）。

除了会因为想象力过于丰富而混淆现实与感知，刺猬小孩也会因为超强的感受力而产生剧烈的情感。这也就是为什么有些刺猬小孩会非常害怕巨大的响声，比如放烟花的声音。

苏珊娜第一次看烟花是在五岁，那天晚上为了看烟花，她非常努力地熬到很晚。父母已经跟她解释过，烟花会在天上绽放出各种各样的颜色，并伴随着巨大的声响。她对此非常期待。然而，当烟花表演开始的时候，苏珊娜完全被爆炸的轰鸣声吓呆了，她开始高声尖叫。爸爸本来把她扛在肩上，这时赶紧把她放下来，抱着她想安慰她，却无济于事。苏珊娜一边尖叫一边哭泣，背朝烟花表演的方向跑开了。

许多刺猬小孩应该或多或少都有过与苏珊娜类似的经历。陌生的声音就算没有给他们带来恐惧，也往往会让他们感到心烦意乱。恐惧会让他们的心底滋生焦虑。有时，惊险刺激的游乐项目也会引起刺猬小孩内心的强烈波动，因为在这些游戏中，前庭器官（掌管平衡感）会受到干扰，继而引起刺猬小孩的恐惧。刺猬小孩更需要的是自我控制，他们并不会从恐惧或激烈的情绪中获得快乐。对刺猬小孩来说，这种恐惧一旦产生，可能需要好几年的时间才能摆脱，有些刺猬小孩甚至完全不愿意尝试这类游乐项目。我的侄子已经十七岁了，还是拒绝参与任何惊险刺激的游乐项目。

刺猬小孩还有一种典型的恐惧——害怕自己被抛弃、不被爱着。无论是否表露出来，刺猬小孩都在持续寻求着情感上的依恋。那些在家里表现得不太好的刺猬小孩会时常担心父母是不是还爱着自己，父母会不会更喜欢别的兄弟姐妹，甚至会不会更喜欢那个经常被夸赞的邻居家的乖孩子。这种恐惧的表现方式极为多样，很多时候并不容易分辨出来。

　　一天，有个小姑娘来玛德琳家里玩。这期间有好几次，玛德琳对妈妈说话特别不客气，甚至带着挑衅意味。妈妈平静地告诉玛德琳要好好说话。到了晚上，等小客人走后，妈妈又和玛德琳谈起这个问题。她问玛德琳到底怎么了，为什么明明和小伙伴玩得很开心，却表现得那么不客气。尽管有点羞于启齿，玛德琳还是做出了解释："那是因为你对她太好了，我害怕你会抛弃我！"妈妈吃了一惊，她不仅对玛德琳的这种想法感到惊讶，更为玛德琳如此强烈的措辞感到震惊！

羞怯

羞怯是一种社会性恐惧。

由于刺猬小孩的自我意识和对他人的意识都十分敏锐，因此，他们可能会经历一段格外羞怯的时期。

对一个需要时刻对环境进行分析的孩子来说，要在别人面前展现自己、成为被注视的焦点是非常困难的。他该说些什么？该怎么说？周围人的期待是什么？他们有太多需要考虑的问题，这让他们不知道该如何行动。如果再加上内心被强烈的感受控制，面部涨得通红，声音在喉咙深处哽住，等等，他们就更加手足无措了。

特别需要注意的是，不要以礼貌和良好的教养为理由，强行要求孩子克服这种恐惧。

如果对孩子来说，和别人打招呼就是一项不小的挑战，那你就得接受这一点，并且陪伴孩子度过这一时期。这种困难只是暂时的，无论它将持续多久，也都是暂时的。

打招呼的方式有很多种，你可以让孩子一点一点慢慢来。最开始，让他尝试与别人进行眼神接触，这也是一种打招呼的方式。等到他可以自然地与别人进行眼神接触的时候，再让他试着对别人微笑一下。你可以和对方解释清楚，虽然你的孩子现在只能用眼神打招呼，但是等他慢慢有能力之后，他会做得更好。

　　我的大儿子斯坦尼斯拉斯小时候特别害羞。他花了好几年时间才能大大方方地面对新鲜事物或者大街上的陌生人。他看着别人落落大方地待人接物，经常问："他们是怎么做到的？"我记得之前他和我谈起他的教父："教父是一个很幽默的人，他经常开玩笑。我喜欢和他见面，但是我不知道该怎么回应他说的话。"斯坦尼斯拉斯特别指出了他教父身上的那种轻松自然与他自己的紧张局促之间的明显不同，就好像有人忘了在他的基因组里给"擅长交际"这一项打上钩一样。我感觉他为了改善这一点，做了很多努力。

　　但是，我的小儿子奥尔菲就完全不一样，他非常喜欢和人打交道，不喜欢冲突，只喜欢和人友好地交流。我非常惊讶地发现，他还在婴儿小推车里的时候就已经尝试和路上或者电梯里遇到的行人进行眼神交流了。只要眼神对上了，他就会对人说"你好"，然后报上自己的名字。不过，这种情况没持续多久，奥尔菲从三岁到七岁有一段特别害羞的时期，那时他根本不敢主动看人，更别说和人打招呼了，他甚至还会往我身后躲。

　　无论是斯坦尼斯拉斯还是奥尔菲，我一直对他们的社交

困难表示理解。在他们出现问题的时候，我告诉他们，懂礼
貌、说实话还是很重要的，如果他们不好意思和人打招呼，
那么就得由我来，比如我可以跟人家解释一下。斯坦尼斯拉
斯不愿意我告诉别人"他很害羞"，最后同意由我说两遍"你
好"，一遍代表我自己，一遍代表他。奥尔菲则同意正视别
人并微笑，以此作为打招呼的方式。这样，我既不用承受社
交方面的压力，也能够尊重孩子的意愿。他们两个现在分别
是十五岁和十岁，都已经成功度过了怕生、害羞的阶段。

悲伤

刺猬小孩经常会被悲伤淹没。一是他们容易被身边的负
面情感所影响，甚至能感应到家人的悲伤；二是他们容易为
见到或者听到的灾难而悲伤；三是他们的思绪可能会将他们
牵引到了一些悲伤的想象中。

愤怒、失望或不公平的感受常常会让刺猬小孩哭泣。这
些表象可能会掩盖让刺猬小孩感到悲伤的真正原因，比如感
觉不被理解或者没人为自己着想。

> **愤怒、失望或不公平的感受常常会让刺猬小孩哭泣。**

刺猬小孩成年后回忆起那些沉重而又频繁出现的情绪反

应时，基本都是一个感觉：不好受。就像在脆弱的肩膀上压上一件沉重的大衣，反复回潮的悲伤涸湿了童年回忆里的灰暗角落，尤其在那些独自处理悲伤情绪的时刻，这种感受更加强烈。

父母在这时候就需要发挥重要的作用了。对家里有外向型刺猬小孩的父母来说，他们了解事情的来龙去脉会比较容易。但这对内向型刺猬小孩的父母来说就没那么容易了，这类孩子习惯于将自己的感受深藏在心里，即便是再强烈的情绪也不向外表露。父母可能觉得孩子没事，因为他们"跟平常没什么区别"，实际上，他们的内心正在承受着极其强烈乃至毁灭性的情绪波动。最好的解决方式就是父母定期询问孩子"今天感觉怎么样"，不是匆忙间随意地问一嘴，而是要找一个没有人打扰的合适的时间认真与孩子交谈。想让内向的孩子打开话匣子表达自我并没有那么容易，你要给孩子留出足够的时间，询问他的态度或心情时要表现出足够的兴趣。如果他感受到了足够的信任，他就会对你敞开心扉。

为了减轻孩子心里的悲伤，你要为他留出一个对话的空间。与所有的情绪一样，在我们用语言把自己的感受表达出来的过程中，身体内部的筛选机制就会开始运作，我们的内心就会在一定程度上平静下来。然后，不要忘记提出一些需要孩子思考解决方案的问题，比如："你觉得我怎么做能够帮到你？""你有没有想到什么解决方案能够让自己好受一点？"

你需要找到适合的表达方式。如果孩子实在想不到能让他自己好受一些的办法，你可以提出一些你认为合适的建议。

易感性

《拉鲁斯词典》将"易感性"定义为"一种容易被微不足道的事件所干扰的心理状态"。

刺猬小孩往往情感丰富。当然，这也不是绝对的。我妹妹也是个高敏感者，她小的时候就完全不是这样（不过她后来也慢慢变得多愁善感起来），但是我从出生起就情感丰富。易感性与性格是内向还是外向没有太大的关系。

容易动感情的人能够敏锐地察觉并欣赏事物的美好、人际交往时的热情、人格的魅力及语言文字中暗藏的温柔。虽然高敏感容易让人疲惫，但这些也是非常美好的体验。在我看来，这些美妙的感受就是孕育诗人的土壤。

同样，这种容易被感动、被干扰的性格会导致孩子不愿意成为旁人关注的焦点，因为这样他们就会被自己的感受淹没。

艾文的父母正在给艾文举办一周岁的生日聚会。全家人围坐在桌前，艾文的爸爸把她举起来让大家都能看到她，然后所有人一起为她唱歌，祝她生日快乐。艾文的妈妈发现艾文小脸通红，连鼻尖都泛着红，眼睛也湿润了，表情非常奇怪，好像在压抑着什么。也就是说，艾文在一岁时就会因为自己成为旁人关注的焦点而感到不自在。

艾文的妈妈也属于高敏感者，同时也是教育心理学家，她明白该如何照料自己高易感性的女儿。五岁的时候，艾文已经可以在情绪激动时表达自我，她慢慢学会了将自己的感受用语言说出来，也可以比较轻松地表达自己的内心世界。

我想分享一段我自己作为高敏感者的真实经历，你可能会觉得下面这个故事有点滑稽，但它确实在我的心里引起了强烈的反应。

几年前，我回父母家的时候发现他们安装了无线打印机，当时我对此感到十分惊讶：只需要把我的电脑放在我爸爸的书桌上，电脑就自动识别出了打印机，并下载了对应的软件，同时把指定的那一页打印了出来。我为此哭了出来。爸爸就在一边看着，但他完全不知道我为什么哭，而我哭得喉咙发紧，一句话也说不出来。我的思绪飘到了很远的地方："一切都是相互联系的，全人类是一个共同的

整体，所有行动都会产生一个可见或不可见的结
果……"我产生了强烈的"存在着"的感受，哲学
的玄念在我头脑中刹那点亮，就因为一台打印机！

我分享这桩趣事，是为了告诉你，高敏感者不仅会因为
一点小事就陷入深刻的思考，而且更重要的是，我们能够意
识到，在这种思考路径中，我们是孤独的个体。往好了说，
我们可能会被当作无病呻吟之人；往坏了说，别人会觉得我
们是外星人、怪胎。

强烈的共情

共情是指在保持一定距离的同时，感知和理解他人的情
感。我们理解对方的感受，但并不等同于自己在经历那些感
受。这是一种设身处地为他人着想的能力。要做到这一点，
并不需要喜欢这个人或同意其观点。共情是尊重他人的重要
基石之一。

人们常常将"共情"与"同情"混为一谈。"同情"是指
孩子感受到同伴的情感并与其分享，但并没有真正设身处地
为对方考虑，也不会努力去理解对方。

刺猬小孩的共情能力通常是与生俱来的。然而，刺猬小
孩的共情有点特殊，很多时候，他们很难保持距离，并且会

对他们的伙伴产生认同感。法国精神病学家和精神分析学家雅克·霍克曼（Jacques Hochmann）将这种共情方式称为"共鸣式共情"（与"认知式共情"相对，认知式共情是指能够理解他人感受，但不会让自己沉浸其中，会保持一定的情感距离）。

> **刺猬小孩的共情能力通常是与生俱来的。**

爆发式的喜悦

刺猬小孩比别的孩子更容易捕捉到快乐的感受。不过，再强调一次，每个刺猬小孩的情况都是不一样的。这一部分内容主要针对那些比较容易感到快乐的孩子。

这类孩子比常人更能够体会到以下这些令人愉快的感受，这些感受能够滋养他们的心灵，使他们获得积极、正向的精神能量。

快乐：遇到喜欢的人时内心的满足感。

柔情：对别人产生依恋或钟爱的感情。

感恩：能意识到生命对自己的馈赠，有一种发自内心的感激。

愉悦：满满的正能量。

安宁：绝对意义上的内在平和与宁静。

自豪：怀着强烈的自信，对自己的某项成就感到满意。

热心：能够向所有人传递乐观情绪和正能量。

这些感受会让孩子享受到生命的无限乐趣。他们向四周散发着属于自己的光芒，用自己积极的精神状态感染身边的人。但是，就像冲浪者一样，在快乐的海洋中，孩子也可能一不小心跌下冲浪板，或者只是迎来几朵不大的浪花。他们的快乐感受可能是非常短暂的，这也是刺猬小孩的特点之一：他们的情感虽然强烈，但是很不稳定。他们可能很快就从一种情绪过渡到另一种情绪中，甚至可能突然陷入完全相反的情绪。

> 我的儿子奥尔菲就是那种情绪表达欲望特别强烈的孩子。他经常过"人生中最好的一天"，尤其是在他吃到（他心目中的）"世界上最好吃的蛋糕"，也就是巴斯克蛋糕的时候。就算这一天里他有过一次甚至好几次不愉快，但是只要有一件事情让他觉得特别开心，他就会宣布这一天是他"人生中最好的一天"。

潜在的焦虑

焦虑是正常的情绪，所有人都会遇到，但是在刺猬小孩身上，焦虑出现得格外频繁。实际上，刺猬小孩过于细致和全面的思考方式、对场景的细致分析，以及信马由缰的想象力，都会让他们变得忧虑多思。他们好像一直在为潜在的危机做准备，因此非常容易陷入高度警惕的状态。

这种生活方式会降低他们对压力的承受能力，使他们的免疫功能受损，从而引起一系列生理和心理的反应。我们会在第七章"刺猬小孩的身体反应"中进行详细阐述。

如果你想及时发现刺猬小孩的焦虑状态，下面几个迹象非常具有参考价值：咬指甲、面部抽搐、反复肚子痛、呼吸困难、皮肤病等。这些迹象都在提示你，他们内心的平静正在被强烈的风暴破坏。

同样，定期让孩子描述他内心的状态也是很好的解决办法。你可以在和孩子交流的同时使用巴赫花精疗法，以安抚孩子的情绪。

正义感

我们在讨论"愤怒"这种情绪的时候已经提到过关于不公平的问题。实际上，刺猬小孩有一套独特而鲜明的价值观，这套价值观是个人化的，他们几乎不与别人分享，直到情绪爆发。

请回想一下萨姆的例子（见第57页）：他的不公平感来

自自己想要关车门，但是爸爸（无意间）忽视了他的意愿。就算他根本没有把自己的意愿提前告诉别人，在他看来，这个意愿被忽视也是不公平的。

> **刺猬小孩有一套独特而鲜明的价值观，这套价值观是个人化的，他们几乎不与别人分享，直到情绪爆发。**

这种不公平感背后隐藏的是对不被爱、被抛弃或被拒绝的恐惧。这些情绪通常会被深埋起来，甚至不应该出现在这个年龄段。

许多刺猬小孩都有这种行为模式，以至于大多数来我这里问诊的父母最常提及的就是这一特征："我的孩子经常觉得受到了不公正的待遇。就算我竭尽全力在他们兄弟姐妹之间保持公平，他还是会因为各种各样的事情而觉得不公平，然后发脾气。我真的不知道要怎么做才能帮助他，我能感觉到他自己也很不好受。"

我也遇到过一模一样的情况。我在很长一段时间内都在尽力安抚我的刺猬小孩奥尔菲的糟糕情绪。我甚至为了他把薯片一片片数清楚，但我没意识到这样做只会强化他的公平理论。我们要让孩子知道，日常生活是不可能时刻保持绝对公平的。你可以用你们夫妻二人作为例子来说明："我的衣服比爸爸的更多，但他的运动鞋比我的更多。我的书更多，但是他桌子上的东西更多。"这个例子中提到的都是物品，当然，品质或者性格也可以作为例子。你可以帮助孩子列一张清单，这样他就会发现，在自己的兄弟姐妹或者朋友身上，闪光的优点和他不喜欢的缺点一样多。

为了让孩子感觉到自己是被人爱着的，并逐渐放弃那种被忽略的想法，父母需要保证为孩子留出规律的、高质量的亲子独处的时间。刺猬小孩需要被宠爱、被安慰，他感受到的爱越多，内心的不公平感就会越少。时间长了，他就会在分发薯片的时候不再在乎是否平均，而且会心安理得地享受吃薯片的乐趣！

我曾连续好几年坚持每周陪奥尔菲上一次柔道课。无论发生什么事，无论我的工作负担有多重，我都会在每周四下午四点准时等在学校门外，然后开始我们的例行日程：先去面包店，路上聊聊这一天过得怎么样，聊聊我们喜欢的或者不喜欢的人，然后早早到达柔道班的教室（奥尔菲特别喜欢比所有人都到得早）。我会陪着他上课，然后在回家的路上，我会再给他买点他喜欢的东西，回到家里之后再各自忙各自的事情。做到这些非常简单（很多父母一周能做到不止一次），这对刺猬小孩非常有益。孩子能够感受到自己是有价值的，他们看到父母的付出，能够感受到父母对他们的爱，他们内心对被忽视、被抛弃的恐惧就会慢慢消散。

易怒

我们在前文已经介绍过，刺猬小孩经常经历的情绪波动会损伤他们的自信心。周围的人不经意间说的一句话就可能被他们误解，这会轻易地触怒他们或者使他们感觉自己被冒犯。

> 艾米丽的爸爸抱怨："艾米丽简直是不讲理！"每次他谈到一个话题，艾米丽总是各种挑剔，曲解他的意思，还觉得他根本不为自己着想。慢慢地，艾米丽的爸爸就不愿意和她单独相处了，也尽力避免和她进行任何讨论。艾米丽察觉到了这一点，尽管她自己也暗暗松了一口气，但她内心进一步确认了对自己和对父女关系的负面看法。

艾米丽的自信严重缺失，她觉得自己不如姐姐活泼，成绩也不如姐姐好。她不停地思考，但始终不明白自己到底哪里出了问题。她总觉得自己做得不够好。因此，当爸爸和她聊天的时候，无论他们聊的话题是什么，艾米丽都特别害怕爸爸会提及那件她觉得显而易见的事实：她一无是处。

易感性就是自卑感的藏身洞穴，是挡在汹涌的自我毁灭的念头前面的一种保护盾。"我是这么看我自己的，别人也一定是这么看我的。"很多时候，最平常的语言在刺猬小孩看来也暗含着只有他们才能识别出来的批评，而面对直接的批评时，他们的反应会更加激烈。

要改变这一点是非常困难的，需要花费很多时间，最好的解决方式就是在日常生活中帮助孩子逐步建立起自信。

你可以指出孩子身上所有的优点："你总能把发型做得这么好看。""我很喜欢你搭配的颜色。""我觉得你做事特别有条理。""你越来越独立了，真棒！"……这些在日常生活中播撒的种子会慢慢在孩子内心的土壤中生根，让他们对自我的正面认知悄悄萌芽，并最终开出自信的花朵。

你可以在孩子的房间里贴一大张纸或者放一块木板，写上醒目的标题，如"艾米丽的成就榜"。孩子每次成功完成一项新任务，就可以在木板上写上或者贴上相关的文字或图片。你很快就会发现孩子行为上的变化。实际上，如果孩子感受到自己是有人支持、有人陪伴的，他们就有动力去超越自己并完成任务。他们会慢慢地不再轻易地受别人的影响，并一点一点改掉易怒的毛病。

你还可以再添一块木板，设置一个"目标榜"，比如，"学会系鞋带""学习一首新诗""背五十个英文单词""自己一个人去买面包""在泳池里游五个来回"……所有这些都会给孩子带来挑战的动力。孩子每成功完成一项任务，你就可以让他把"目标榜"上的项目贴到成就榜上。这些简单又明确的小目标会激励孩子，让他相信自己可以做好很多事情，同时也能教会他一个道理：世上无难事，只怕有心人！

建　议

减少新闻对孩子的冲击

刺猬小孩本身极为敏感，他们很难在接收电视或广播的新闻信息的同时抵御这些信息带来的影响。你应该知道，负面信息会给刺猬小孩留下深刻的情感印记，并使孩子产生阴郁灰暗的想象。很多家庭都喜欢放着新闻节目当背景音，或者每天准时收听新闻节目，完全没有考虑到这可能给孩子造成的影响。父母需要注意，同时也要叮嘱家里的其他人，比如孩子的祖父母，不要让孩子随时看到或者听到新闻，否则，孩子可能在非常小的时候就意识到这个世界并不那么太平，无论哪个角落都难逃苦难和暴力的肆虐。父母要尽可能延长孩子童真快乐的时间，尽可能地保护他们。

不要将经济或人际关系问题暴露给孩子

尽管我鼓励父母和孩子多沟通，但是在生活中的某些方面保持完全透明是没有必要的。你可以对孩子说你最近有烦心事，但不要跟孩子深入地聊细节，要告诉孩子这不关他的事，你自己能够处理好。孩子心里往往也填满了他自己的烦心事，比如，和他最好的朋友闹别扭、不小心把夹克划破，或者考试没考好……不要再让他因为你而背上额外的烦恼。

不要忘记，孩子们会一直关注家里的动静，即使有些谈话不是当着他们的面进行的，他们也会注意到。小时候，我就多次听到父母抱怨生意不像从前那样好了，商人的处境越来越艰难了，因此，那时我特别害怕我们会失去自己的房子。我问过爸爸好几次，还需要多少年才能还完贷款。有一次，我的父母非常高兴地宣布，我们将开启一场特殊的夏威夷之旅，但是我拒绝了，而且最后我也真的没去。我的借口是不想耽误三天的课程，但实际上我想的是，如果可以省下我的那份机票钱（那次旅行的机票一定不便宜），还有我的食宿费，我们也许就能在这房子里多住一段时间了。我还觉得，妹妹竟然跟着去旅行，真的是太自私了！我不知道为什么自己当时什么都没有跟父母说，我一定是想要保护他们吧。大约在十几年前（距离那次旅行已经过了差不多二十年），我们提起那件事，我才把那次拒绝去旅行的真正理由告诉他们，他们惊讶得说不出话来。不过，当年我看着他们抛下我出发去旅行，又通过照片看到自己错过了那么多东西，心里别提多难过了。

当心虚构人物对孩子的影响

有些刺猬小孩会对一些童话、神话或者漫画里的人物产生巨大的恐惧，比如圣诞老人、圣·尼古拉斯、小丑、大灰狼、白雪公主的后妈等。刺猬小孩的想象力往往会占据上风，并使他们的认知发生混淆。现实世界和虚构世界的边界不再清晰，这会加剧孩子的恐惧情绪。这一切在孩子眼里都会变成真的。

> 自从在表姐家里看过动画片《101 忠狗》(*Les 101 Dalmatiens*) 之后，萨沙的心情便久久不能平静。这部片子使她对窗户产生了巨大的恐惧。一到晚上，她就会问是不是每个房间的窗户都已经关紧了；而在白天，她甚至连看一眼窗户都不敢，更别说靠近它们了。她生怕窗户外面会突然出现女魔头库伊拉的脸！

出于对孩子感受的尊重，请你一定要避免对孩子说："没什么好怕的，那些东西都不存在。"孩子的心里其实有一个理性的声音在说"他们都不是真的"，但即使如此，这些形象依旧在他们的脑海里，他们自己对此也毫无办法。你可以对孩子说："这些人物只存在于荧屏里和想象里，绝不会跑到现实中来。不过，你一想到他们就感到害怕是正常的，因为作者创造这些人物的目的就是吓唬小孩子。"除了这一章，你还可以在本书的其他章节中找到消除孩子恐惧的方法。

当心恐惧的传染性

最后要说的一点是，恐惧是会传染的！我之所以害怕蜘蛛，就是因为我看到我的父母很怕蜘蛛，而我也将这种恐惧传给了我的孩子们。当他们看到我被这种小动物吓得身体僵直的时候，他们就推断这种东西一定非常危险。但是，我的继女们就完全不害怕，因为她们总是看到爸爸很淡定地用一个杯子和一张纸把蜘蛛扣住，然后扔到门外去。

帮助孩子放松心情

刺猬小孩需要经常进行自我放松，以恢复内心的平静。身处大自然中或和小动物互动都能使他们的内心得到安抚。

建立仪式感

在日常生活中，孩子们会非常喜欢仪式感，有仪式感的行为会让他感到安心。无论是准备早餐、沐浴、制作并享用小点心，还是睡觉前的仪式，熟悉的、有规律的习惯可以让他们脱离纷繁复杂的思绪，去享受当下的时光。

在家中留出情感交流的空间

为了让孩子更加平静地成长，在家庭生活中建立情感的交流是十分必要的。对刺猬小孩来说，在将表达情感视为软弱行为的家庭中成长是十分艰辛的。事实上，如果情感表达没有得到充分的尊重和善意的呵护，孩子会觉得自己配不上这个家庭，觉得自己是这个强势家庭中的一个薄弱点。这种自我贬低的想法会摧毁孩子的自尊，并伴随他度过整个童年和青少年时期。在孩子成年后，他就不得不去面对由此带来的种种问题。

表达情感并不是软弱的表现，也不代表缺乏家教，更不意味着缺乏自我管理能力。

表达情感，是率真地活出自我的体现，哪怕情绪偶尔会失控。这是我们能给予孩子的最好礼物。你要做的，就是陪伴你的刺猬小孩，让他意识到他有权利表达自己的情感，并且帮助他逐渐找到柔和地表达情感的方式。最简单的方式，就是像对待一盘美味佳肴一样对待情感表达，大大方方地将之摆上桌面。你可以谈谈你自己的感受，让你的伴侣、兄弟姐妹也谈谈他们的感受，这样，刺猬小孩就不会觉得自己是孤独的，他会明白他所经历的每个人都经历过。

当孩子陷入情绪危机时，你可以按照以下三个步骤做出反应。

第一步，耐心听孩子倾诉，不做任何评价。

孩子需要一位认真的听众，所以先不要着急还原真相。

➢ 这样做，刺猬小孩会感觉到被体谅。

第二步，在孩子表达完自己的情感后，重复孩子刚刚说的话。

"你特别伤心是因为……""你感觉很生气是因为……"。

即使有些事情对你来说是小题大做或不值一提，但是对孩子来说并不是这样的。听到自己的感受从父母嘴里说出来，对孩子来说，这本身就是一种认可。

➤ 这样做，刺猬小孩会感觉到被理解。

第三步，询问孩子需要你提供什么样的帮助。

"我，或者说我们，能够做什么来帮助你完成这些事情呢？"

➤ 这样做能让刺猬小孩主动参与解决方案的制订，让他们在情绪的控制中体验主体性。

以上三个步骤有助于孩子建立积极的自我认知。孩子会在这个过程中感觉到自己被支持、被理解、被尊重、被体谅。这么做能够平息许多事端，有助于孩子建立内在的宁静。这是对孩子未来的重要投资，是让孩子走向自信人生的入场券！

以上这些方法不是立刻就能见效的，你需要多次重复。不过，如果你能充分应用上述方法，那孩子会在你的帮助下养成良好习惯（孩子都喜欢仪式感），之后在面临情绪问题时，他可能会自己做出反应，轻松地讲出他内心的感受，甚至会主动提出解决方案。

一对一沟通

为了保护孩子内心正面的自我认知，你应注意不要在别人面前批评孩子。你应该选择一个平静、友善（友善不代表放任，有时坚持原则是必要的）的环境和孩子单独交流。

教会孩子理解自身的情感

以下列举出了一系列能够帮助孩子更好地理解自身情感的训练和小游戏。

情感"天气"

这个训练有两种操作方式。第一种操作方式可以在家庭餐桌上进行。每个家庭成员轮流讲一讲自己心里的"今日阳光"，以及有没有遇上"坏天气"。不论规则是什么，一定要有"今日阳光"这一项，哪怕是一件很小的事情，比如，"和朋友一起吃饭""做完了功课""赢了一局足球赛"等。当孩子学会主动寻找他内心的"今日阳光"，他就能在内心建立起面对生活的积极态度。

然后，你们可以讲讲今天有没有"下雨"（哭泣），有没有"风暴"（愤怒），或者有没有"刮风"（不耐烦）。你可以根据孩子的年龄来搭配气象和情绪的关联。父母也要参与这种分享，目的是每个人都能够表达自己的情感。

你会发现，这个训练能够帮助孩子通过简单的语言来理解自身和他人的感受。

第二种操作方式主要面对年纪比较小（两岁到六岁）的

孩子，用于应对孩子频繁发怒的情况。制作一个表格，上面列好一周七天，每天画出两个到三个格子（两三岁的孩子画两个格子就可以了），分别代表早上、中午和晚上。每天晚上临睡前，如果孩子当天过得非常开心，你就让他在对应的格子里画上太阳；如果孩子当天有发脾气或者表现不好的情况，你就让他画上一道闪电。这样做能够使孩子注意到自己反复发作的坏脾气。孩子是只活在当下这个时刻的，只要"闪电"一过去，对孩子来说，它们就再也不存在了。成人就不会这样，可能你的脑海里一直保存着最近几天和孩子一起经历的所有不愉快。

这个表格能够让孩子——尤其是很小的孩子——记起发生过的事情，这样孩子可能更愿意努力驱赶"坏天气"，赢来更多的情绪"小太阳"，特别是当你给他奖励的时候。孩子可以收集"小太阳"，或者你们可以约定"如果一周只有五道闪电，就可以得到一件小礼物"。

给孩子增加动力，以使他更愿意在行动上付出努力，也能培养他的责任心。

情绪之碗

一起来释放自己的回忆吧！这个游戏能够使刺猬小孩更好地理解参与游戏的人的情感生活。

在不同的纸上分别写下与情感相关的词，然后将纸折叠起来放入一个碗里。参与者轮流从碗里抽取一张折叠的纸条，然后根据上面写的词，讲述一个引发自己相应情绪的事件。需要注意的是，这个游戏的目的不在于清算责任或者将问题甩给他人，而仅仅是表达自我。因此，在游戏中，无论在什么情况下，开始讲述时都必须使用第一人称"我"："我感觉……""我相信……""我想到了……"

一个人在讲述时，别人不可以插话，也不可以发表自己的观点。

这个训练颇有奇效。只要玩过一两轮，你就能从孩子的讲述中挖掘出一些更深层次的东西，比如他之前的经历或者对某件事的回忆。同样，孩子也会惊喜地发现自己能够理解为什么你在他情绪爆发时给出那样的反应了。

为方便起见，这里列出了一份不完全的情感相关词清单：兴奋，愉悦，骄傲，平静，惬意，倾慕，感恩，温柔，快乐，紧张，厌恶，不解，嫉妒，敌意，气恼，渴望，仇恨，气馁，沮丧，失望，怀旧，悔恨，无聊，后悔，负罪感，忧郁，孤独，愁苦，不安，羞怯，惊愕，恐惧，悲伤，愤怒，喜悦……

你可以根据孩子的年龄，自主选用情感相关词。

你也可以在孩子抽取到他不认识的情感相关词时加以解释，这样可以丰富他的词汇量。如果孩子实在没有与这个词相关的回忆，也可以让他重新抽一个。

好情绪之箱和坏情绪之箱

这个小活动需要你准备两个小箱子（现成的小箱子或者用普通盒子自制的都可以）：一个箱子作为好情绪之箱，另一个作为坏情绪之箱。为了鼓励孩子投入这个活动，你可以让他把箱子装饰一下，然后摆在家里的公共区域，以便所有家庭成员都可以使用。

鼓励全家人把他们认为强烈到值得分享的情绪投到对应的箱子里，只需要写一封信、画一幅画，或者记下足以使人回想起对应情绪的一个词、与这种情绪相关的一个人名即可。

你可以和孩子一起决定该如何处理收集到的情绪记录纸：在每周日或者每月的固定一天拿出来，全家人一起看；或等到坏情绪之箱满了之后，拿出来读读（或者不读），然后举行一个家庭仪式，把箱子里的纸条和坏情绪一起通通扔掉。你可以听听孩子的建议。而收集到的好情绪记录纸就可以张贴出来，或者建立一份家庭档案保存起来。

如果你希望这些箱子对家庭生活产生真正的影响，你自己就要按时参与收集活动。只有看到父母在写写画画并将记录纸投进箱子里时，孩子才会明白这么做的重要性。这个方法简单高效，既可以释放自身压力，又可以分享心得，可能你自己也会喜欢上这个活动，毕竟它能够实实在在地使我们得到安慰。

考拉式呼吸法

所有的呼吸训练都可以帮助孩子逐渐学会调节情绪。这里向你介绍我最喜欢的，也是我和我的孩子一起发明的一种呼吸法：考拉式呼吸法。

这种呼吸法能够使人专注于感受自我和他人，在充满爱的氛围中收获轻松和惬意。同时，这也是一个与家人分享的美好时刻，能够让孩子感受到自己是被爱着的，他担心自己被抛弃的念头会逐渐散去，他会重新建立起自信及对父爱和母爱的信任。这种呼吸法有助于在父母和孩子发生争吵或矛盾之后重建亲子之间爱的纽带，同时也能帮助孩子消除内心的恐惧。

以下是操作方法：你放松地坐在地上，孩子面对面坐在你身上，孩子的肚子贴着你的肚子，你用双臂环绕住孩子，然后进行深而平静的呼吸。不过，注意呼气和吸气的时间都不要太长。维持这个姿势，让孩子和你保持同步，同步吸气，同步呼气，这样持续一分钟到三分钟。

心肺协调呼吸法

心肺协调呼吸法数年前在美国兴起，主要的依据是神经科学和神经心脏学的研究成果。

这是一种管理压力的方法，主张根据心脏搏动的节奏呼吸，使身体释放压力激素，直至达到一种平衡状态。

心脏规律或不规律的搏动和人的情感是相互影响的。

当我们感受到积极情绪时，心脏和大脑会保持同步，心脏的搏动也会变得有规律。心脏有规律的搏动使得我们可以尝试利用呼吸来调整心率，从而保持体内环境的稳定。

你只需要在你的手机、个人电脑或者平板电脑上下载一个软件，就可以进行这个练习，而且现在这类软件大多数都是可以免费使用的。

这些软件的使用方式基本类似，重点在于跟随节奏调整呼吸的频率：当屏幕上的小球上升时，吸气；小球下降时，呼气。如果你想要达到长期的效果，就需要定期坚持练习。当然，这个方法也会产生一些即时的效果。心肺协调呼吸法的练习颇具趣味性，所有的家庭成员都可以参与其中。

巴赫花精疗法

巴赫花精是英国细菌学家兼自然疗法医生爱德华·巴赫（Edward Bach, 1886—1936）博士研制的花卉精油。

巴赫医生的医学主张在他所处的那个时代是相当超前的，属于先锋派。他认为情感环境是许多疾病的源头，并尝试使用自然疗法来重建情感环境的平衡。为此，他离开了位于伦敦的诊所，搬到乡下，以便在自然环境中进行研究。他将寻找自然疗法作为自己的追求与事业。

他创制了三十八种花卉（鲜花或树木）精油，每一种精油对应一种特定的情感，能够将负面的感受转化为积极的体验。

巴赫花精使用方法简单，没有成瘾风险，也基本没有禁忌证。无论是成人还是孩子，都可以从这种自然疗法中获益。

以下列出了几种针对不同感受应当使用的不同精油。不过，我还是建议你在使用之前向巴赫中心的授权咨询师咨询，他们会为你推荐最适合你的孩子的配方。

恐惧

• 针对特定对象（狗、邻居、昆虫）的恐惧、羞怯：沟酸浆（Mimulus）。

• 噩梦、夜间恐惧、惊慌：岩玫瑰（Rock Rose）。

• 分离困难、怕生：红栗（Red Chestnut）。

• 焦虑、怕黑、惧怕死亡：山杨树（Aspen）。

愤怒

• 受害者情结、创伤情结：柳树（Willow）。

• 因愿望落空而产生不公平感：马鞭草（Vervain）。

• 行为失控、冲动、发泄情绪：樱桃李（Cherry Plum）。

• 难以适应家庭生活的节奏、缺乏耐心：凤仙花（Impatiens）。

• 对不宽容行为、嘲笑和批评过度敏感：山毛榉（Beech）。

• 嫉妒、怨恨：冬青（Holly）。

悲伤

- 短暂的悲伤：芥末（Mustard）。

- 绝望：荆豆（Gorse）。

- 情感受到强烈的冲击：伯利恒之星（Star of Bethlehem）。

- 对过去感到愧悔：忍冬（Honeysuckle）。

缺乏自信

- 因害怕失败而不敢尝试：落叶松（Larch）。

- 因过于温柔和胆怯而无法拒绝他人的要求：矢车菊（Centaury）。

- 缺乏主见：水蕨（Cerato）。

- 缺乏毅力：龙胆草（Gentian）。

- 重复犯同样的错，无法从经验中学习：栗树芽苞（Chestnut Bud）。

无精打采

- 身体极度疲惫或处于疾病恢复期：橄榄（Olive）。

- 拖延症、情绪不佳：鹅耳枥（Hornbeam）。

- 注意力难以集中或逃避现实：铁线莲（Clematis）。

- 难以适应生活中的变化：胡桃木（Walnut）。

- 感觉自己被压垮（包括被自己的情感压垮）：榆树（Elm）。

配制专属于你的孩子的精油时，请先准备一个容量大约为三十毫升的瓶子，瓶口为滴嘴式或喷雾式都可以，再准备适量矿泉水，以及选好的精油（可以在药店、保健品店或者有机产品店里购买到）。往瓶子里灌入矿泉水，滴入精油，每种精油加两滴，最多可以混合七种精油（如果超过这个量，身体就会被过量的信息淹没，反而会造成干扰，特别是对刺猬小孩而言）。

为了使配制好的溶液保持稳定，一般还需要添加三分之一的酒精，但我从来不这么做。需要注意的是，精油应远离热源（阳光直射、暖气等），以防止其成分变质，还要避免细菌污染精油。

若用喷雾式的瓶子就每次对着空气喷两下，若用滴嘴式的瓶子则每次四滴，若滴在扩香器上则每日最少四次。没有特定的使用间隔或时间点，每两次之间的间隔在五分钟以上即可。对最大用量也没有限制，你可以按需酌情使用。一个使用周期可持续两周到三周。

就算你心存疑虑，不理解花卉精油为什么能够帮助刺猬小孩平复情绪，我也建议你试一试。如果你选对了精油，效果将令你惊叹。如果在精油的选择上拿不准，可以向受过训练的专业人士求助。在你刚刚开始接触这种疗法时，专业人士的建议能够更好地帮助你做出正确的选择（因为某些情绪可能会被另一些情绪掩盖）。

使用身心放松技巧

最后，我还要推荐一篇用于想象式练习的引导语，来帮助孩子找寻内在力量，让他在日常生活中能更加轻松地理解和处理自己的各种情绪。

请你找一个安静的环境，保证不会受到干扰。这个练习可以在一天中的任何时间进行。让孩子舒舒服服地平躺在床上、沙发上或者任何温暖而舒适的地方（比如在厚厚的地毯上）。给孩子盖一床被子，调暗房间的光线，让孩子闭上眼睛。用柔和而平静的声音朗读下面的文字，在每个省略号处稍稍停顿。如果孩子在这个过程中睁开眼睛、乱动或者和你说话，你可以将手放在孩子的肚子上，让他重新将注意力集中到引导语上。

闭上眼睛，做三次深长的呼吸。

第一次：用鼻子吸气，停顿两秒，再从口中缓慢地呼出……

第二次：用鼻子吸气，停顿两秒，再从口中缓慢地呼出……

第三次，也是最后一次：用鼻子吸气，停顿两秒，再从口中缓慢地呼出……

现在，让呼吸回归正常的节奏……

接下来，试着放松你的身体，想象自己是一根柔软的面条。放松你的脸部……放松你的双臂，想象它们变成了两根长长的面条……想象你的双腿也变成了两根长长的面条……你的胸部和腹部变得平静而轻盈。

现在，你的身体已经完全放松，想象你正在你的房间里……你正在玩耍或者休息……突然，一个仙女出现了。她自我介绍说，她是朱诺，是掌管情绪的仙女……她四处拜访像你这样的孩子，赐予他们强大的力量，让他们成为"情绪超人"……

你没有明白她的意思。于是，她给出了几个建议："我可以赐予你一种能力，让你把你的愤怒变成篮球，这样你就可以把它丢得远远的。或者，我也可以赐予你一种能力，让你在自己身上装一个开关，只要关掉这个开关，所有让你不开心的情绪都会停下来。或者，我还可以赐予你一种能力，让你在你的心脏周围放置一个'嫉妒过滤器'，这样你就再也不会受到嫉妒的困扰了……你可以自己选择想要哪种能力……你也可以创造属于你自己的能力……"

于是你想啊……想啊……你想到了两种最合适的情感控制能力……第一种能力是什么？……第二种能力又是什么？……

现在，你已经拥有了这两种能力，想象你回到了家人和朋友的身边……想象一个你可以发挥你的第一种能力的场景吧……

想象你正在经历这一时刻，并且正在运用你的能力……

你的能力非常有用……效果特别好……因为这种能力，你感觉自己更强大、更快乐了……

想象第二个场景，在这里你可以发挥你的第二种能力……想象所有你可以运用这种能力的场景……

这个场景结束后，你感觉自己更强大、更幸福了。你成功地给出了更好的反应，做出了更好的行动……

现在，你可以将这两种能力运用自如……只要有强烈的情绪来烦扰你，你就可以再次使用这些能力……你也可以在你的头脑中再次呼唤掌管情绪的仙女朱诺……让她赐予你更多的能力……

第四章

刺猬小孩的社交行为模式

现在，我们已经对刺猬小孩的情感表达有了一定的了解。接下来，我们将了解他们的情感表达对他们的人际交往会产生什么样的影响。

一般来说，刺猬小孩不会轻易与他人建立关系，而是要经过一系列的观察和分析。对某些刺猬小孩来说，观察和分析需要一段时间；而有些刺猬小孩，他们的观察和分析是高效的。等刺猬小孩找到属于自己的有效的社交行为模式，他们就逐渐能够轻松自如地应对人际关系了。后文提到的乔伊的例子就很好地说明了这一点（见第203页）。

显然，与这本书（或者其他任何一本相关的书）里提到的其他特征一样，这一人际交往的行为特点不一定会在你家的刺猬小孩身上出现。就像我之前一再强调的那样：有多少个刺猬小孩，就有多少种表现类型。每个人的个性表现都有所不同。有些孩子能很轻松地把握社交中的距离感，但是像玛德莱娜（见第107页）那样的孩子对社交距离就好像没有判断能力。尽管如此，刺猬小孩群体的社交表现和其他同龄孩子的表现还是有所不同的。

感觉自己不一样

这是刺猬小孩群体中最常见的一种感觉。这种感觉在青春期或者成年之后可能会有所减弱，但是在儿童时期，它是普遍存在的。

这与他们独特的个性有关：强烈的情感、极为敏锐的感知力，以及天生对非语言信息的分析能力……他们常常被过量的信息淹没，从而做出和他人不同的反应。他们经常觉得自己和别人不一样，这种感觉有的时候会特别强烈，因为他们非常害怕自己会成为别人眼里的异类。

显而易见，这种感觉会对孩子的自信造成多么恶劣的影响。他们往往不会将自己身上的与众不同之处当成一种优势，而是将其当成一种缺陷、一个毛病。

> **刺猬小孩往往不会将自己身上的与众不同之处当成一种优势，而是将其当成一种缺陷、一个毛病。**

刺猬小孩还有一个独特之处，就是他们会一直持续观察这个世界，并尝试理解其中的规则。

但他们获得的信息过于繁杂了，以至于他们非常容易受外界影响，常常难以形成自己的观点。毕竟这个世界上存在这么多不同的可能性，想从中提炼出唯一的一种太困难了，而要向别人展示这种唯一的可能性就更加困难了。

无法控制自己的情感，也会强化刺猬小孩内心"和别人不一样"的感受。刺猬小孩比其他孩子更容易掉眼泪，更容易发火且发起火来更凶，更容易被激怒且很难掩藏自己的感受。他们明明希望自己可以缩在保护壳里，藏起内心的感受，却偏偏将一切都毫无保留地暴露在外。说实话，掩藏自己的感受对他们来说几乎是不可能的。

再加上，他们常常会听到身边人对他们的评价："简直没法和你说话了！""你总是为了一点小事就生气！""别那么大惊小怪的！"……于是，那种"我和别人不一样"的想法就被一下一下死死钉在刺猬小孩的心底。特别是男孩，他们甚至还需要和世俗偏见（比如"男孩不许哭鼻子"）做斗争。

幸运的是，世界在改变，父母也在改变。

为了帮助孩子尽可能地认识到自己是正常的，请你一定要将下面两个概念传达给孩子。

和别人有不一样的反应是完全正常的。每个人都是与众不同的。每个人都有着独特的个性，没有谁的个性比别人的更好或更坏。

展现自己的情感不意味着脆弱。勇于表达情感代表着诚实和坦率。

敏锐的自我意识和他人意识

就像我之前提到过的，刺猬小孩的体内仿佛配备着各种各样最先进的传感器和超高精度的雷达系统，但是他们自己意识不到。他们会持续地在内心分析各种情境和人物，并由此产生了敏锐的自我意识和他人意识。

刺猬小孩能够在与人交流的过程中察觉到最细微的信号，他们不仅能够"听到"语言信息背后的含义，还能够"具象化并沉浸于"非语言信息。他们就像海绵一样，能够将交流对象所有表达出来的和隐藏着的情感信息尽数吸收。

因此，刺猬小孩更难以忍受父母的争吵，他们会在带着火药味的交流中充当"防火墙"乃至"调停人"的角色。

由于刺猬小孩会对发生的事情有更加激烈的反应，因此他们比别人更加渴望和平与安定。

温馨提示

要特别注意，当与家庭成员或者朋友出现不愉快时，刺猬小孩可能会将责任揽在自己身上。

刺猬小孩这种先人一步的感知能力有时会给他们带来

不快。

比如，我从前常常能够察觉到别人没有表达出来的感受。这对我来说是非常不好受的，我会在别人没有请求我帮助时就希望能够为他们做点什么，或者我会忙着防备一些根本不会发生的情况。这导致我的行为很容易惹恼别人，并将他们隐藏的情绪激发出来。别人也因此有了借口，将自己的情绪爆发归咎于我。也就是说，我感受到了别人的愤怒、恐惧或紧张，想要帮助他们，结果我反而成了他们发泄情绪的对象。然而，他们的问题原本与我毫无关系，我只是起到了情感表达"催化剂"的作用，成了压垮骆驼的"最后一根稻草"。即使我不干涉，他们也迟早会爆发。

这种高度发达的直觉是刺猬小孩不太容易承受的，也很难调节。

克莱芒的妈妈德尔芬正在经历一段困难的时期。她过去的经历正在以一种新的方式干扰她现在的生活，让她频繁地发脾气。不过，她非常清楚这种愤怒来源于自己的童年经历，如果要解决这个问题，她就应该直面深藏在记忆中的那个孩提时代的自我。她最终成功控制住了自己的情绪，并能够分出一部分精力来处理家里的事情。然而，马上满三岁的克莱芒还是受到了妈妈的影响。在妈妈情绪不好的那段时间里，他会时不时地突然大发脾气。德尔芬最开始没有将这两件事情关联起来。她太疲倦了，只能勉强试着安抚儿子的情绪，同时努力克制自己不失态、不吼叫。控制自己的情绪这件事已经让她精疲力竭了，她根本无暇顾及克莱芒的情感表达。直到有一天早上，她刚刚起床就感觉自己的情绪近乎崩溃，她想大哭，甚至想要咆哮。她通过深呼吸尽可能地控制自己，然后下楼去准备早餐。克莱芒下楼时心情也极差，他刚在桌子边坐下就爆发了，大吼大叫，像只狮子一样。德尔芬被克莱芒这种酷似自己的情绪反应惊呆了，她意识到儿子表达的正是自己拼命压抑的吼叫欲望。儿子的感觉比妈妈更加敏锐！他已经承受不住了！德尔芬明白，是时候寻找一位诊疗师来帮助自己了。

德尔芬是一位刺猬妈妈，她超出常人的敏感性给她带来了强大的情绪智慧。她很快就意识到克莱芒到底出了什么问题，而且也没有去强行控制他。

有时，生活中的诸多不如意会使我们被疲倦压倒；有时，我们在自己的情感状态和他人的反应之间建立联系是十分困难的。这也就是为什么我们的反应往往是不合适的。

如果德尔芬直接对儿子发脾气，甚至惩罚他，那么妈妈带有攻击性的反应可能引起的附带后果是母子关系恶化，以及克莱芒的自信心被削弱。幸运的是，这一切并没有在这个家庭中发生。

这种对己对人的敏锐感知可能会引发比较心理。刺猬小孩（以及刺猬大人）都擅长发现他人的优点，他们可能因此陷入比较的泥潭，感觉自己不具备那些优点，所以不如别人。

刺猬小孩就是这样陷入自己的思维陷阱的。刺猬小孩总感觉自己低人一等，甚至可能会自暴自弃。无论他们现在能够做到什么或者将来能够做到什么，他们永远感觉自己比别人差一截。

> **刺猬小孩总感觉自己低人一等，甚至可能会自暴自弃。**

对己对人的敏锐感知可能导致的另一种结果是不敢公开讲话。刺猬小孩的一些感受会让他们深受困扰。

- 害怕自己在感到不自在时出现的反应，比如脸红、口吃、说不出话。
- 害怕自己辜负他人的期待。
- 害怕感知到他人的反应（被激怒、嘲笑自己、怜悯自己），不管是真实的还是完全因为过度敏感而导致的幻想。
- 害怕进行即时的自我批评和自我反馈，"我刚才竟然说了那样的话，我本来不应该这么说的……这个词用得不好……"。

为了帮助孩子摆脱敏锐感知带来的负面影响，你要告诉孩子，他拥有一种神奇的力量：他能够比别人感受到更多的东西。就像魔术师或大多数动物一样，他拥有第六感觉，他能够比别人更快地感受到某些情绪或更早地察觉到某些事情。因此，他的能力是"更强的"，绝不是"更弱的"。

> **就像魔术师或大多数动物一样，刺猬小孩拥有第六感觉。**

为了让这种更强的能力真正地为自己所用，刺猬小孩必须学会如何与它相处，否则就有可能吓到别人。为了帮助刺猬小孩做到这一点，你应该鼓励孩子尽可能把他在不同场景下的感受用语言表达出来，并鼓励孩子在觉得理解了某些事情的时候主动向身边的人求证。

作为刺猬小孩的父母，要尽可能真诚地倾听孩子的表达，不要忽视或轻视孩子向你倾诉的感受。

另外，在与孩子交谈时，你不需要细致地向他描述整件事情。比如，孩子感受到你的状态不好，你可以告诉他"我今天确实不太开心，但是我会照顾好自己"，或者类似的符合具体情境的表达。如果你（为了让他安心）对他说谎，孩子是能够察觉到的，那孩子以后就不会再信任你了。如果你直接告诉孩子实情并安慰他，他就不需要承担你的情感压力，而会将你的情感压力交还给你，并且继续信任你。

如果是孩子的朋友心情不好，你可以鼓励孩子这样对他的朋友说："我感觉你不太开心，是不是心情不太好？我能帮你做些什么吗？"

容易成为被攻击的对象

无论是善于引人注目的类型，还是喜欢隐藏自己的类型，刺猬小孩都非常容易成为被攻击的对象。

• 反应过激的刺猬小孩。一些刺猬小孩敏感易怒、反应极快，只需要一丁点儿火星，他们内心的火焰就会瞬间爆燃。他们会爆发，会做出种种激烈的反应。不幸的是，他们造成的戏剧性场面可能会让一些同学乐在其中，这些同学恨不得主动煽风点火，好抱着一桶爆米花在一边看戏。他们会把刺猬小孩当作嘲笑的对象。

• 容易激怒人的刺猬小孩。一些刺猬小孩敏锐的感受力、喜怒无常的情绪和超强的正义感常常难以被其他人理解，这很容易激怒别人。一般来说，即使在好朋友之间，这种不愉快也有可能发生。刺猬小孩很容易因为自己的真诚而遭到排斥。

• 尽全力取悦他人的刺猬小孩。另外一些刺猬小孩可能表现得更加谨慎（也不一定），他们往往极为渴望外界环境的安宁，渴望被别人爱，因此他们对同伴几乎有求必应。这导致他们有的时候会被同伴随意摆布，甚至被羞辱。他们的好心肠反而会使自己遭罪，尽管这并不是他们的本意。而且，他们往往会因为担心被排挤而不敢改变现状。

为了能够摆脱令人不适的处境，刺猬小孩需要掌握以下三种能力。

• 学会控制自己的感情。

• 学会自尊自爱。每天培养对自己的爱，在心中播下自尊的种子："每个人都应该做自己，每个人都值得被尊重。"

• 学会说"不"。当感受到他人的恶意或察觉到别人想操控自己的意图时，要学会拒绝。

被误认为问题儿童

由于对自己和他人都有着敏锐的感知，以及经常成为被攻击的对象，刺猬小孩可能会错误地将责任归在自己身上。

这种自责心理会导致刺猬小孩把所有事情都放在心上。活跃的想象力会使他们对事情进行各种解读，而且往往会造成误会。他们可能还会被视作小题大做的人或者被误认为问题儿童。

不要忘记，在刺猬小孩这些反应的背后，隐藏着的是他们内心强烈的被爱的需求和对被抛弃、被排斥的恐惧。

> 加布里埃尔被视作问题儿童，他的小脑瓜里只装着自己想做的事，考虑不到别人的感受。他其实很可爱，待人也很亲切，但就是常常不受控制地做出一些反应：他总喜欢摸别人，在任何时候、对所有人都如此。幼儿园老师叮嘱他不要去摸同学的头发，不要去亲别人的脸颊，不要像个刚出炉的松软的奶油蛋糕一样腻在别人身上，但他完全听不进去。有些孩子实在忍受不了，只好赶走他，在这个过程中难免会出现某些粗暴的举动，气氛随之紧张起来。加布里埃尔因此挨了骂："不要再烦别的同学了！"

有的时候，刺猬小孩也会因为控制不住自己的行为而感到郁闷。

> 这个周末，玛德莱娜的表姐来家里做客。表姐今年十五岁，住在法国南部，玛德莱娜平时很少能见到她。她刚到家里不到一个小时，玛德莱娜就一直缠着她，对她说自己很爱她。表姐跟玛德莱娜并不熟悉，玛德莱娜的这种亲昵行为让她觉得尴尬。

玛德莱娜的妈妈目睹了这一切，她私下对玛德莱娜说：“你已经七岁了，不能再这么闹了。”妈妈理解玛德莱娜是因为太开心了，她很高兴能够和表姐一起玩，但是妈妈认为她可以用别的方式来表达。比如，她可以直接告诉表姐，能和表姐一起玩自己有多高兴，这样做就不会让处于青春期的表姐感到尴尬了。

晚上，玛德莱娜的妈妈把这件事情告诉自己的丈夫。丈夫说在第一次见波尼老师的那个早上，玛德莱娜的表现和今天完全一样。

他们后来来到我的诊所，因为玛德莱娜的这种状况出现得越发频繁。如果是三四岁的孩子，别人还会认为这是可爱的表现，但是对七岁的孩子来说，这样就显得太不合适了。

别人并不能完全理解这些刺猬小孩，与他们交往的人会因此感到别扭甚至不快，但是这些刺猬小孩原本只是想表达自己的善意。

如果孩子的行为不恰当，父母需要在尊重他们感受的情况下告诉他们，帮助他们用语言表达出自己的感受，然后和他们一起去探索更合适的做法，比如画一幅画作为礼物送给对方、赞美对方等。

群体效应对刺猬小孩的双重影响

刺猬小孩渴望真诚的交流、一对一的联系，在这样的关系中，他能够感受到别人对自己的尊重。只有在这种情况下，他才能感觉到在做自己，才敢于打开自己的心门。这种一对一的人际关系能让他茁壮成长。

在群体中，刺猬小孩更愿意扮演观察者的角色，躲进人群之中。他可能会尽一切努力让别人注意不到自己，像一只"氛围变色龙"。无论是群体导致的过度刺激，还是短时间内涌现出太多需要解码的信息，都会让刺猬小孩感到不舒服。

对刺猬小孩来说，高分贝的噪声等过强的刺激可能会使普通的生日派对变成一场噩梦，也许会在派对结束回家的路上延时引发强烈的反应。

> 刺猬小孩可能会尽一切努力让别人注意不到自己，像一只"氛围变色龙"。

在体育运动中，有些刺猬小孩更倾向于在团队中"隐身"，他们不愿成为个人项目中受人瞩目的焦点，而另一些刺猬小孩则很难在团队中找到自己的位置。同样的情况在唱歌或者其他活动中也会发生。

我毕业后不久就开始运营"幼儿心理运动"主题工坊。大约十五个孩子参加了工坊的活动，他们的年龄在三岁到五岁。我的主要工作是引导、激发和鼓励孩子们去感受自己的身体。

一开始，我会让孩子们选择一种动物或者一件物品，然后大家一起去模仿它。每个孩子都会轮流成为小小魔术师，根据自己的想象来让别的小朋友变成各种样子。我们一会儿变成草地上的独角兽，一会儿变成稀树草原上的狮子，一会儿又变成夏夜里的蚊子、风中的大树和清晨刚刚睡醒的猫……还有一次，一个特别敏感和羞怯的小男孩让我们都变成小米粒。我们用瑜伽婴儿式的姿势蜷缩在地上，一动不动，一声不吭。有些孩子蜷得不耐烦了，就问他："作为小米粒，接下来该做什么呀？"那个男孩回答："继续做小米粒。"他的脸上挂着灿烂的笑容，那一刻他看起来是那么平静和幸福。

这颗小米粒一直铭刻在我的记忆之中。单独的一粒米，几乎看不见，无声无息；聚集成群时，它和其他米粒混在一起，消失在群体之中，无影无踪。这是帮助我们忘却自我最好的办法！

不愿和陌生人打交道

刺猬小孩喜欢固定的习惯和仪式，这对他们来说能够节省能量。实际上，认识新的人或者面对新的环境、新的情境，都会引发他们强烈的反应。陌生人就是刺猬小孩焦虑的来源之一。面对陌生人时，刺猬小孩需要重新分析、重新寻找规则、重新定位关系，这会让刺猬小孩感到非常累。因此，刺猬小孩也不大喜欢惊喜。

雅克已学习柔道好几年了，一直以来他都跟同一群小朋友一起上课。随着年龄增长、水平逐步提升，雅克需要进入更高一级的班级学习。当教练把升班的事情告诉雅克和他妈妈的时候，雅克吓坏了，他拒绝换班！教练试图安慰他，告诉他，他不是唯一一个需要升班的，还有两个同学跟他一起升班。但雅克仍然不同意，他宁可从此不再练柔道也不肯换班。现在他已熟悉所有的同学，了解他们的性格和反应方式，很清楚自己喜欢和谁搭档、不喜欢和谁打交道，好不容易不用再花精力研究别人了。他在这个班里很舒服，就像穿着最合脚的鞋一样。每年加入班里的新同学也不多，雅克每次不需要花太多精力就能够了解他们。但如果到了新班级，他就必须从零开始！

教练理解了雅克的担忧，便安排他再在原班级里多待一年作为缓冲，等到第二年班里的大多数同学都升班时，再和大家一起升到新的班级里。

不擅长交朋友

你大概已经明白，对刺猬小孩来说，和他人相处可不是一件自然而然、水到渠成的事情。他们并不擅长结交朋友。

一开始，他们会先对别人进行观察和分析，然后像过筛子一样初步筛选掉不适合的人。这个人是什么样的人，他是怎么和别人沟通的，他和别人相处时是否轻松自然……刺猬小孩的内心提出的这一系列问题从一开始就会阻拦他们认识新朋友的脚步。

接下来，当他们鼓起勇气去接近他人并与之对话时，他们会迅速在这段友谊中投入真心。刺猬小孩甚至会向对方打开通往自己想象世界的大门，向对方展现自己伟大的思想。一旦对方表示赞同："咱们想的一样！"刺猬小孩就会马上与对方建立起一种排他的关系——"你是我最好的朋友！"这也可能导致一种情况：有多少个能够分享不同兴趣的人，刺猬小孩就会有多少个"最好的"朋友。

如果刺猬小孩没有建立起高质量的、能满足他们需求的排他性友谊，那他们也不会一直独来独往。有些刺猬小孩甚至可能会有一大群伙伴，但都只是维持着表面关系。刺猬小孩可能是群体中的一员，但绝不会是核心人物，他们只会扮演一颗小米粒的角色。

刺猬小孩在友情交往中最显著的特征就是需要平等交流，他们需要别人的理解，需要别人在尊重他们的前提下接纳他们的强烈情绪。你可能会说，这不是所有健康友谊的基础吗？然而，孩子们的友情并不是这样的。这也就是为什么刺猬小孩有时候更喜欢和成人一起玩，因为成人之间的交流会更加平和、更加审慎。

—————— 建　议 ——————

联络之碗

这里给大家介绍一个能够帮助刺猬小孩建立人际联系的巧妙方法。这个方法是一位练瑜伽的妈妈在家里使用过的，她告诉我这个小游戏让她家里的每个人都受益颇多。

让孩子将所有他喜欢的人的名字写在小纸条上，放入一个碗里。

每天早上让孩子从碗里挑出一个名字。游戏的任务是在这一天内，孩子要和这个人共度一段美好时光，或者向这个人传递一条信息。

这个简单的仪式能够提升参与者的幸福感，同时也能够加强人与人之间的联系。对刺猬小孩来说，它能够培养他们与他人进行高质量沟通的能力。

人际交往能力优势表与劣势表

利用这两张表格，可以提升刺猬小孩的自信，强化他的正面自我评价。

取两张 A3 大小的纸制作两大张表格，将第一张表格命名为"我的人际交往能力优势表"，第二张命名为"我的人际交往能力劣势表"。

在第一张表格上写下所有你在孩子身上发现的优点。重点在于，你要当着孩子的面制作这张表格，向孩子解释你列出的每一个优点，通过举例子的方式让他准确地理解每一个优点指的是什么。你也可以在表格上画一些图、粘贴一些图片或涂一些颜色。表格看起来要美观，而且要符合孩子的审美。建议你将这张表格贴在孩子房间里最醒目的地方，这样孩子每天都会被提醒他有这些优点，进而理解并感受自己真的很有价值。在第二张表格上，请你和孩子一起列出有利于孩子提高人际关系能力的挑战，比如，自己去买巧克力面包，在自己不愿意参与游戏时勇敢对朋友说"不"，主动在课堂上发言……为了让表格变得更有娱乐性，你可以在每项挑战旁边画上星星，星星的数量代表挑战的难度。如果孩子完成挑战，你可以在上面贴上一张贴纸，或用笔做记号，或者找些其他方法来表示这项任务已经结束。你可以过一段时间计算一次孩子获得的星星的数量，根据星星的数量给孩子买一个小礼物作为奖励，以此来激励他。

这张表格可能会对孩子，尤其是刺猬小孩，产生极大的影响：孩子能够重获自信，找到克服恐惧的动力，敢于面对新的挑战。这不仅有利于促进他个人的发展，也能提升他的社交能力。

非暴力沟通

非暴力沟通（communication non violente，CNV）是由美国心理学家马歇尔·B. 卢森堡（Marshall B. Rosenberg, 1934—2015）提出的沟通方法。善于共情、真诚和富有责任感三个原则是这种沟通方法的主要基础，这三个原则能够让刺猬小孩感受到被理解、被尊重。

马歇尔研究的是个体之间的关系和沟通，特别是那些会影响交流质量的个性特质：哪些特质会引起交流中的冲突？哪些特质能带来平和的沟通？

他指出了两个基本要素。

• 识别情绪：包括对自身情绪和对他人情绪的识别（或者称为"内省"和"共情"）。

• 提出要求：意识到自己的需求是什么并传达给对方。

为了阐述他的观点，马歇尔选取长颈鹿和豺狼这两种动物作为例子。

长颈鹿象征着使用非暴力沟通方式的人们（并不是简单地象征温柔）。马歇尔选择长颈鹿，是因为长颈鹿是陆地上心胸最宽广的动物，几乎没有天敌。长颈鹿的语言是一种真诚的语言，它们采用的是温柔的、完全袒露自己的表达方式。

豺狼则能够快速完成沟通，它们的沟通不受理性控制。它们总是第一时间给出粗暴但有效的解决方案。它们会像连珠炮一样用一大堆简单粗暴的办法轰炸别人的思想，这些方法可能是有效果的，但同时也会造成损失。豺狼代表需求没有得到满足。

如何在沟通中赶走豺狼、引来长颈鹿？马歇尔给出了四个步骤，帮助人们采用非暴力的方式进行沟通。

• 观察：双方在沟通中遇到的困难是什么？

• 感受：我的感受是什么？对方的感受是什么？

• 需求：我的需求是什么？对方的需求是什么？

• 请求：如何在平衡我的需求和对方的需求的情况下提出请求？请求应当准确且尽可能具体，最重要的是可实现！

马歇尔设计的这套简单而友善的沟通方法，就像是在场景外架设了一台摄像机，可以让人跳出去观察情况，把握场景中每个人的情绪状态，运用共情的能力而不去指责他人，这所有的做法都有利于沟通的顺利进行。

然而，这个方法虽然简单，却并不容易掌握。实际上，在非暴力沟通中，最困难的部分就是花时间达成共识。

在生活中，我们总是觉得自己没有时间去理解别人。解决问题时，我们采用的沟通手段是对比和谴责，要么说过错，要么谈服从，利用情感或物质要挟对方……丝毫不顾这些方法可能会在其他方面造成灾难性的损失。如果双方的需求没有被公开摆在台面上，争吵就将成为沟通的主旋律，每个人都只是站在自己的立场上捍卫自己的利益。

然而，一旦对方感受到自己的需求被理解，他就会愿意合作，效果立竿见影。但是，想要实现这一目标，就需要谈话双方花时间去找出各自的需求，这也是最困难的部分。不过，那些能够迅速意识到自己内在需求的孩子除外。

我们举一个例子来说明这一观点。露易丝和她的爸爸一起开车到了超市的停车场。超市还有二十分钟就要关门了，时间很紧张，爸爸赶着进去买东西。但是，露易丝不肯下车，她更愿意在车里等爸爸回来。她想，既然爸爸很快就会买完东西回来，那她自己在车里待一会儿也不会有什么问题。

• 观察。露易丝的爸爸很着急，他赶着进超市买东西，但是露易丝不愿意跟着去。

露易丝的爸爸有点不耐烦，女儿必须跟着自己一起去，这没什么可商量的。露易丝却不以为然。爸爸试着采用一般的沟通手段："这很重要……这是必须的……只能这么做……你应该这么做……你真是太不可理喻了……"

爸爸选择的是暴力沟通手段，显然，这种手段毫无作用，露易丝还是拒绝下车。我们知道，在非暴力沟通手段中，这就是"豺狼"在起作用，它们大声狂吼，爸爸心中的豺狼只有一个念头：尽快把露易丝从车里弄出来！

• 感受。爸爸感觉自己心里的怒火正在往上蹿，露易丝太固执了，她完全不理解问题出在哪里。因此，爸爸放任自己去发脾气。

在这里，对父母来说最困难的就是找准需求。爸爸很生气、很着急、很不耐烦，但只要精准抓住需求，情况会立刻得到改善。

• 需求。爸爸尝试提出自己的需求："我要你跟我一起走，这涉及安全问题。我不能把你一个人丢在车里，这太危险了。出于安全考虑，你要和我一起走。"

接下来，爸爸问露易丝她的需求是什么，露易丝立刻回答："我需要自由，我要做我自己想做的事情。"这可以被理解为一种强烈的对自由和自主的渴望。

• 请求。这是问题情境中最需要想象力的部分，因为提出请求的方式有成千上万种。

爸爸对露易丝说："我之前不知道你怎么想的，现在我理解你为什么想要待在车里了。那我问问你，你愿不愿意陪着爸爸一起呀？我在买东西的时候，你可以自己在超市里随意逛逛，看看有什么东西是你喜欢的。你看怎么样？"

听到这些话，露易丝愉快地下了车，他们很快就把该买的东西买完了。

放松术：保护膜

下面是一篇用于想象式练习的引导语，能够帮助刺猬小孩抵御外界环境或其他可能的外来侵害。通过练习，刺猬小孩会感觉自己更强大，更有能力与同伴和平相处。

请你找一个安静的环境，保证不会受到干扰。这个练习可以在一天中的任何时间进行。让孩子舒舒服服地平躺在床上、沙发上或者任何温暖而舒适的地方（比如在厚厚的地毯上）。给孩子盖一床被子，调暗房间的光线，让孩子闭上眼睛。用柔和而平静的声音朗读下面的文字，在每个省略号处稍稍停顿。如果孩子在这个过程中睁开眼睛、乱动或者和你说话，你可以将手放在孩子的肚子上，让他重新将注意力集中到引导语上。

闭上眼睛，做三次深长的呼吸。

第一次：想象自己的肚子是一只薄薄的气球。用鼻子吸气，使气球鼓胀；停顿两秒，再从嘴里缓慢地将气息吐出，想象自己正在给气球放气……

第二次：用鼻子吸气，使气球鼓胀；停顿两秒，再从嘴里缓慢地将气息吐出，想象自己正在给气球放气……

第三次，也是最后一次：用鼻子吸气，停顿两秒，再从嘴里缓慢地将气息吐出……

现在，让呼吸回归正常的节奏……

接下来，试着放松你的身体，想象自己是一根柔软的面条。放松你的脸部……放松你的双臂，想象它们变成了两根长长的面条……想象你的双腿也变成了两根长长的面条……让你的胸部和腹部变得平静而轻盈……

现在，你的身体已经充分放松，想象你正坐在床上……现在是早上……你马上就要去学校了……但是，在出发之前，你用一张大大的保护膜把自己包住了，这样一整天都不会有什么事情能困扰到你……在保护膜里面，四周散发着柔和的光芒……给你带来了力量和快乐……

你站起身来，走了几步路，感受到周身被保护膜包裹着……它既柔软，又坚硬……它的形状随着你的动作而改变……

你收拾好自己的东西上学去了……在路上，你感觉到自己的保护膜吸引了许多小鸟……它们也飞过来保护你……它们在你的身边盘旋飞舞，一路把你送到校门口……

你进了学校……走在操场上……你感受到这种温柔的力量在你周围环绕……你的感觉非常好……有些小朋友好奇地走过来，想要和你一起玩……他们感觉到你身上有些东西不一样……你就像一个小太阳一样散发着美丽的光芒，只不过别人看不见你身上的光……

在课堂上，你感觉到所有的东西都变得简单了……你甚至敢于去挑战那些你原来觉得很难的练习题……你很容易就举起手来回答老师的问题……这种感觉太棒了……这层保护膜让你感觉更轻松、更自在了……

一天的课程结束了……在回家之前，你决定去公园里玩一会儿……在公园里，你一个人都不认识，但是你身上那层闪闪发光的保护膜给你带来了力量……你非常轻松地交到了好多新朋友……

然后，你回到了家里……多么美妙的一天啊！现在你知道，由于这层保护膜给了你力量，你还会继续度过无数个美妙的日子，没有任何人或任何事情会让你不开心……

第五章

刺猬小孩的校园生活

在孩子的人生中，校园生活占据了很大部分，学校是继家庭之后的第二个重要的环境。在学校里，孩子的某些缺点和优点会以与在家中不同的方式展现出来。进入学校，就是离开家庭的温室，离开自己房间的保护，跳出原有的舒适圈，投入全新的集体生活。

前面我们已经谈到过，相比于集体活动，刺猬小孩更喜欢一对一的接触。在集体活动中，他们敏锐的感受器很可能会信息过载，他们的情绪也可能会被严重干扰，使他们难以自发地、流畅地、简单地与他人交流，因此他们需要安静地休息以恢复精力。

学校并不是最适合刺猬小孩的场所。他们每天都不得不花费几个小时去历险，不管他们自己是否愿意。显然，一部分孩子会比其他人更容易适应这种生活，这些孩子往往更擅长处理外界的刺激或应对人际关系。

> **学校并不是最适合刺猬小孩的场所。**

作为父母，最重要的是关注孩子在一天之中发生了什么。对很多刺猬小孩来说，他们只要回到家，就可以跳出学校的真实环境，完全沉浸在自己的想象世界中，不愿意再和别人分享那些让自己不开心的事情。即使那些事情很重要，他们也会闭口不谈，因为那些事情可能会使他们的自信心受损。

父母应该养成习惯，每天询问孩子学校里发生了什么事，他在课间都做了些什么，和谁一起吃的午饭，今天让他最高兴的事情是什么，有没有发生让他不太开心的事情……不要只是简单地问一句："你今天过得开心吗？"这样你很难从孩子对这个问题的回答中获取真正有价值的信息，你需要多问几个具体的问题。你也可以在每学期开学的时候去找孩子的老师沟通，在一个学期内可以联系老师几次。

难以适应校园环境

我们知道，学校的环境是比较吵闹的，教室里一般都有各种写着学习内容的板报或者挂图，这会让孩子整日浸泡在密度过高的信息之中，这对刺猬小孩来说是非常难受的。

莱昂德是刺猬小孩，教室环境很容易让他处于

信息饱和的状态。在课间休息时，他喜欢自己一个人待着，躺在那里，缩进自己的壳里。然而，一到上课，他的噩梦就会重新开始。要不了二十分钟，用他妈妈的话讲，莱昂德就会"找不着北"。比较糟糕的情况下，他会过度兴奋，搅乱课堂；比较好的情况下，他会两眼放空，魂不守舍。无论进入哪种状态，他都是什么也学不进去的。

妈妈意识到莱昂德的问题之后，便去征得老师的同意，允许莱昂德上课的时候戴一个降噪耳机（类似于音乐会时给儿童戴的大耳机）。这一方法极大地改变了莱昂德的行为和学习状态。

态度严肃

一般来说，刺猬小孩是特别认真负责的，他们经常是（极其）优秀的学生。他们喜欢学习，常常会在某些领域表现出过人的天赋。

刺猬小孩好奇心强、洞察力敏锐，他们学习时会非常积极，这使得老师对他们颇为关注。

但是，刺猬小孩的这种特征背后也隐藏着某些缺陷：一些刺猬小孩会认认真真地对待每一件事情，导致他们把所有的事都看得过重了；另一些刺猬小孩可能会因为重复性的工作而感到烦躁，他们一旦理解了某个知识点，就会对这一知识点的重复练习失去兴趣，甚至对别人再提一遍这个知识点都感到难以忍受。

刺猬小孩这种严肃的态度可能会为他们招来更多不友善的目光，这会强化他们内心"我和别人不一样"的感受，甚至他们的同伴也会这样认为。刺猬小孩就像小大人一样，表现得很有责任感，有的时候他们甚至会为了完成一些个人事务而牺牲玩耍的时间。

自我要求极高

在学校里，刺猬小孩经常表现出完美主义者的特质。他们需要把所有的事情都做到完美无缺，而且还必须一步到位。

如果不能立刻做好，刺猬小孩就会拿自己和别人做比较，并因此产生自卑感，感觉自己什么都不行，不如同桌厉害，或者觉得自己永远也做不好。这种"不完美"的感觉会使他们自我否定的负面情绪如泉水般喷涌而出，进而影响他们的学习。

因此，刺猬小孩不喜欢做练习，他们把做练习当成失败的象征。如果需要练习，就代表没有天赋。这与他们思想丰富、抱负远大、洞察力敏锐的特质发生了冲突。一般来说，他们超强的记忆力能够使他们轻松背下一首诗或一篇课文，既然这样，为什么不能做任何事都这么轻松呢？

他们很难接受有些技能必须反复练习才能掌握。以练字为例，如果想要使写的字不超出格子边界，或者想要在笔画、笔顺都正确的情况下写出一手好字，就必须踏踏实实地练习。不管是谁，都至少要练完好几本描红本，反复写几百遍，才能形成肌肉记忆，完美掌握书写的能力。对一些刺猬小孩来说，这可是个不小的挑战，因为在他们看来，这种重复性练习是极其无聊的。

刺猬小孩强大的分析能力使得他们非常清楚自己做出的成果处于什么水平。面对刺猬小孩的超出格子边界的字、比例失调的人物画像或者其他平平无奇的作品，父母不能敷衍地夸赞，否则会被视为撒谎。刺猬小孩能看得明明白白，他们心里也很有数（有的甚至从幼儿园小班开始就明白了），他们能够正确地评估自己的成果。如果父母的反应过于夸张，他们反而会生气。

由于这种高标准的自我要求，刺猬小孩常常会因为担心"做不好"而选择"不去做"。他们只愿意做自己极其有把握成功的事情，这种高度的掌控欲反而使得他们常常选择逃避。

刺猬小孩常常会因为担心"做不好"而选择"不去做"。

露西总是写不好字，她很讨厌写字。她觉得写字是一份既耗时又累人的苦差。她思维敏捷，脑子里充满了各种奇思妙想，但她认为练字是对智力的一种束缚，简直没法忍受。无论在家里还是在学校，只要一做抄写性的作业，她就会准备好一大套战术来拖延：想上厕所啦，想要喝水啦，衬衫磨得她难受啦，环境太吵啦……哪怕只是为了把这种如同惩罚的抄写作业拖延片刻，露西都会使出浑身解数，有时候这甚至成了她下意识的反应。但是，在做数学或者科学类作业时，她就会特别有灵感。她特别喜欢这类知识，甚至觉得在学校里都学不够。

恐惧失败

刺猬小孩常常思考得太多，他们会制订一些无法实现的计划。有些孩子想要成为最好的学生，有些则希望成为某个领域的专家，还有一些从小学就开始计划自己的大学生活……只要他们怀抱着远大的理想，感受着内在的动力，一切就皆有可能。刺猬小孩大多特别有计划性，愿意承担责任。

但是，在超高标准的自我要求和严肃的态度背后，往往隐藏着刺猬小孩对失败的恐惧：害怕做得不够好，害怕辜负别人的期望，害怕无法成功。这种对失败的恐惧会在刺猬小孩的内心播下自我否定的种子。

> **这种超高标准的自我要求和严肃的态度背后，往往隐藏着对失败的恐惧。**

刺猬小孩会努力和这些念头对抗，去抵制他们脑子里冒出来的对当下自己的负面评价，为此，他们会制订一些宏伟的计划。但那些雄心勃勃的计划总有落空的时候，若计划无法顺利实施，他们就会回到对自己的负面评价上："我自己心里很清楚，我什么也不是！"

为了帮助孩子摆脱这种既令人难过又疲倦且具有毁灭性的恶性循环，父母需要关注孩子的进步，以及他们取得的每一项成就，不论大小。后文会介绍一个在家里就可以进行的方法（见第 138 页），它有助于孩子摆脱这一困境。

个性色彩强烈的学习状态

刺猬小孩的学习状态有两个明显的特征：一点就透和谨慎保守。

"一点就透"从字面就能理解，对刺猬小孩来说，有时学习是一件清晰简单、短时间就能完成的事情，就好像在大脑的硬盘里提前刻好了一样，不费吹灰之力，所有的东西早就在那儿了。

"一点就透"有时会误导孩子，因为他们不能理解为什么要努力。当进入努力不可或缺的领域（比如练字，或者高年级的课程）时，他们就会不知所措，感觉任务超出自己的能力范围。为了避免这种情况发生，父母需要从一开始就告诉孩子："努力（即长时间在一件事情上下功夫）在学习过程中永远是必不可少的。当你学起来比较轻松的时候，你可能意识不到努力的重要性，以为所有东西学起来都很轻松，但事实并不是这样的！在某天或者某个时刻，你终究要面对需要努力才能学会的东西。"父母要告诉孩子，努力是一种全新的生命体验，往往会令人激动不已，如果需要的话，自己会随时提供帮助。

不过，有时候刺猬小孩并没有表现出"一点就透"的学习状态，而是正相反，显得谨慎和保守。这种对待学习的谨慎态度表现在孩子在行动之前要先对事物进行观察、分析和理解。刺猬小孩会自动切换到"接收与分析"模式，按照自己的计划和节奏来，这可能会导致他们完成任务的速度比较慢。有的时候，别人可能会觉得刺猬小孩根本没弄明白规则，或者不知道该怎么入手。实际上，刺猬小孩只是正在仔细思考，希望能够看清事物，确保不会出错，只有收集所有的因素并考虑清楚，才有可能一举成功！

无论是"一点就透"还是谨慎保守，刺猬小孩都是特别渴望成功的，他们总是希望尽可能少犯错误。

难以集中注意力

刺猬小孩经常会出现难以集中注意力的问题。

首先，有些刺猬小孩的感知异常敏锐，一些大多数人不会注意的细节都会使他们分心：阳光穿过房间，灰尘在空气中飘浮，雨水滴落在窗户上发出声音，低年级的小朋友在外面玩耍，窗户边或者暖气片散发着热量，教室后面一只蚊子嗡嗡作响，同学们的喧哗吵闹……对刺猬小孩来说，所有这些都太烦人了。就像莱昂德面对噪声时的反应一样，刺猬小孩会觉得"找不着北"，完全无法在课堂上集中精力学习。他们要么躁动不安，要么自我封闭，与外界"脱钩"。

其次，有些"一点就透"的孩子会感觉课程很无聊。他们不需要别人讲解就能够理解要学的知识，他们的大脑拒绝进行重复的机械训练。他们更愿意通过阅读、画画，甚至做鬼脸来保持大脑活跃。否则，他们真的会无聊得受不了，无法继续在课堂上集中注意力学习。

最后，还有一些孩子因为害怕失败而选择与外界"脱钩"。课堂上讲的知识对他们来说太难了，他们还没开始努力，就认输放弃了。他们接下来的反应和那些"一点就透"

的孩子们基本一样：躁动不安，出神想别的事情，或者干些有的没的，只要不做课堂上的练习就行！

一般来说，难以集中注意力的孩子在没有干扰因素（对失败的恐惧也属于干扰因素之一）的情况下，会非常愿意静下心来；当某件事物对他们来说有足够的吸引力时，他们也很容易做到集中注意力。

这里有几个能够帮助刺猬小孩保持专注的小窍门。

• 对第一类感知异常敏锐的孩子来说，父母需要特别注意孩子的座位在教室里的位置。教室装饰、孩子座位或者同桌座位上的布置都可能影响孩子的注意力。孩子可能需要尝试好几次才能找到最合适的位置。如果你的孩子属于感受力超群的类型，你需要及时和学校老师就相关情况进行沟通，以便尽快为孩子安排合适的学习环境。

• 有一些孩子需要不停地乱动才能保持注意力。加拿大的一些学校会在教室中配备"自行车式课桌"（这种课桌在帮助某一类孩子集中注意力方面成效卓著），法国的学校则没有这类设施，所以我们需要寻找其他办法。这种办法需要同时适应老师和学生的需求，还不能扰乱课堂的正常秩序。有一种充气橡胶坐垫，孩子坐在上面可以自由摆动骨盆。嚼口香糖或者手边准备一张纸以便随意涂鸦（即使在课堂上），都不失为有效的方法。

创新教育的理想对象

鉴于人际交往方面的特质，以及超强的学习能力、不知疲倦的好奇心、非凡的创造力与敏锐的洞察力，刺猬小孩往往是接受另类教育或创新教育的理想对象。

创新教育（蒙台梭利教育法、斯特娜教育法、弗雷内教学法、感官教育、民主式教育等）力图在学习过程中给孩子提供充分的自由，让他们为自己的学习负责。创新教育的关键在于培养孩子的学习兴趣，激发孩子的学习意愿，并赋予学习真正的意义。

实验、合作、互助、鼓励自主，以及经过精心设计和布置的场地，这一切都将使刺猬小孩成为他自身发展的中心，让他成为自己知识体系构建过程中活跃的主体。

建 议

以下几条建议能够帮助刺猬小孩更好地适应学校生活，减少由学校生活引起的情绪波动，并勇敢面对在学校生活中遇到的困难。

打造健康的生活

"健康生活最重要"，这一点强调多少遍也不为过。对能量消耗速度极快的刺猬小孩来说，保持规律的生活作息更是首要之事。

关注孩子的睡眠质量

应该尽力让孩子拥有稳定而规律的睡眠。

睡前仪式能够让孩子感到安心，不过睡前仪式的时间不能太长。

如果孩子入睡困难，那我建议你向有资质的巴赫花精疗法咨询师、专攻情感问题的诊疗师，或者擅长处理睡眠问题的心理咨询师咨询。不要对这个问题放任不管，否则会给孩子甚至整个家庭造成不小的负面影响。

严格限制电子产品的使用时长

控制孩子使用电子产品的时长是非常重要的。原则上，工作日不允许孩子使用电子产品，只有在休息日才允许使用，但要严格控制使用时长。

尤其是夜间，不要让孩子接触电子屏幕，以防影响睡眠（不要忘记，手机也包括其中），因为使用电子产品会抑制褪黑素的分泌，从而使睡眠质量变差。

注重均衡膳食

保证每天让孩子摄入五种水果或蔬菜（最好是有机的），为孩子提供富含铁、镁、锌、ω-3 和 ω-6 脂肪酸的均衡膳食，保证让孩子摄入足够的促进身体和大脑发育的必需元素！

另外，要特别警惕含色素的食品（查看食品包装背面的配料表），尽量不要吃这些东西。许多研究已经证明，摄入色素会对注意力造成不良影响。

保证孩子有规律地进行体育活动

体育活动不仅能够增加大脑供氧，还能帮助刺猬小孩释放积压的紧张情绪，使身心得到放松。

让孩子接近大自然

对孩子（实际上是全家人）来说，接近大自然是一个能使内心静下来的绝佳方法！

营造安静的外部环境

刺猬小孩需要安静的环境来放松自我或者集中注意力以完成任务。父母要尽量在家里（至少在孩子的房间里）为他打造一个宁静的避风港。清空孩子的桌面，如果可能的话，桌面上不要有任何摆设、玩具或者书，以尽可能减少会使孩子分心的干扰因素。简化房间的装饰，不要张贴海报或者悬挂装饰画。

将孩子的房间清理干净，保持房间宁静、温暖和舒适。

很多刺猬小孩都喜欢地毯，尤其是厚厚的地毯，他们可以躺在上面安静地思考或想象。

卡片专注法

如果你的刺猬小孩很难集中注意力，或者特别容易分心，那你可以在孩子做作业的过程中尝试使用卡片专注法。

准备一些小卡片，或者几枚硬币、几颗小石头等，孩子喜欢哪种就让他选择哪种。在开始之前，先找一个安静的、不会被外界打扰的地方，保证光照适宜（光线不要太强或太弱），避免阳光直射。和孩子一起在收拾干净的书桌前坐下，准备好学习必需品。

拿出一沓小卡片（或者孩子选择的其他物品）放在你面前，再拿出一沓放在孩子面前，最后在你们两个人中间放一个碗。然后，你们就可以开始工作或学习了。如果发现孩子的注意力转移了，你就往碗里放一张卡片（每次放一张卡片，如果孩子也同时发现自己的注意力转移了，那只需要由一个人来放卡片）。

如果碗里的小卡片太多了，或者几乎每分钟都要往碗里放卡片，那么你就让孩子停下来休息一会儿（哪怕习题还没做完）。这种情况下，休息时间不要超过5分钟，在休息时间内，孩子可以自由活动，或者去喝点水。

孩子做完习题之后，要数一数碗里有多少张卡片，并将这个数字记录在日记本上。

做这个游戏的目的是观察孩子是不是经常分心，以及他自己是否能够察觉到这一点。随着做游戏的次数逐渐增加，你会发现碗里的小卡片的数量渐渐减少，孩子的学习效率也稳步提升！

你可以给孩子设置一些奖励，比如，规定卡片的数量，如果在学习完成时碗里的卡片少于这一数量，那么作为奖励，你可以安排周末全家一起去看电影（或者晚上为孩子提供双份甜点等，或其他任何符合你的家庭教育价值观的奖励都可以）。

你会很快发现，当孩子熟悉这一游戏方式之后，他就会在意识到脑子里开始想别的事情的时候，自己往碗里放一张卡片。这样，他就可以迅速地将注意力重新集中到学习任务上，更加高效地学习。

"金矿之碗"游戏

这一游戏旨在改变孩子对犯错的看法。

如果你的孩子是个完美主义者，总是期望迅速获得成功，一旦犯错就会立刻泄气，然后很快失去自信……那么，这个游戏就是为你的孩子量身打造的！

通过这个游戏，孩子会明白，错误或困难都意味着机遇。意料之外的经历标志着探索的开始，昭示着涉足全新领域的可能性，能够帮助他扩充知识面，激励他成长。

每个困难都是一块藏着金子的矿石。

想要成为学习旅程中的淘金者，其实很简单。

• 找一个小盒子（或者碗等容器），让孩子尽可能地把它改造得漂亮些。

• 在孩子做作业的时候，将他犯过的错误类型及出现错误的部分记录在草稿纸上。比如，8 的乘法表掌握得不太好，忘记在复数词的词尾加 s，在考古学那一章把概念弄混了，等等。

• 针对这些问题制作学习卡片。在卡片（大小为 10 cm×15 cm）的正面写下问题，在背面写下答案（或者课程内容的总结）。我们以 8 的乘法表为例，将"8 的乘法表"写在卡片的正面，再将"1×8＝8"到"10×8＝80"写在背面。

• 将卡片折好放进盒子里。

• 你也可以将在日常生活中遇到的其他小问题写在卡片上。比如，穿运动鞋时左右脚穿反了，吃饭的时候餐具没有摆好，等等。在卡片正面写上"如何分清鞋子的左右脚？"，在背面写上你和孩子一起想出来的小妙招，然后将卡片折好放进盒子里。你还可以在盒子中加入一些笑话卡片作为调剂。

• 在每周结束或者每天结束的时候，拿出这个盒子，让孩子开始"淘金"。取出一张或几张卡片（视孩子的反应而定），然后就卡片正面的问题询问他。如果孩子喜欢这个游戏，那你可以让他时不时地抽取卡片进行练习，以增加他的知识量。

制作成就榜

这一方法能够帮助孩子保持动力、增强自信。

制作成就榜的方法和制作"人际交往能力优势表与劣势表"一样，取一张 A3 大小的纸制成表格，写上"成就榜"，将它贴在孩子房间里最显眼的地方。

原则很简单：你只需要将孩子所有的成就一点一滴地记录在表格上，记录方式可以是文字，可以是图画，也可以是贴纸，各种形式都可以！你还可以把孩子已经完成的成就也记录下来。

来我的诊所咨询的家庭中，有些家庭每一学年都会制作一张新表格，之前用过的表格他们会细心地收藏起来。有些家庭会把一张表格分成三十多个小格子，然后慢慢地填上孩子的成就。当所有格子都填满后，全家人就去一趟餐厅或者准备一顿丰盛的晚餐来庆祝。之后，他们会用一张新的表格替换旧的表格。

你可以自己去探索适合你家刺猬小孩的独特方法。要让孩子时刻都能看到他已经完成的诸多成就，这是证明他既出色又有天赋的有力证据。这样做不仅能够使他更加自信，还能够使他有更大的动力去完成自己的计划！

第六章

刺猬小孩的信息处理系统

不要以为刺猬小孩的感觉器官和其他孩子不同，事实上，他们并没有更复杂的结构或功能。刺猬小孩和其他孩子最根本的差异在于大脑处理信息的方式。对刺猬小孩来说，大脑接收和处理信息的过程会给他们带来更为强烈的冲击，使他们感到不安。比如，一件棉织品的质量、一道针脚、一股清淡的香水气味、一点细微的响动乃至一缕阳光，都有可能干扰他们，使他们分心。父母不要轻视这类问题，也不要觉得孩子喜怒无常。父母需要花一些时间——这可能是成人最缺乏的东西——找出症结所在，然后把它处理好。

就像我在前文中提到的那样，不同的刺猬小孩对感官刺激的反应是不一样的。对有些孩子来说，这根本不算问题；而对另一些孩子来说，这可能无法承受；还有一些孩子，他们虽然也会受到影响，但总能够克服。另外，有些孩子可能只对特定的感受反应强烈。我的病人中，有些人只对触觉高度敏感，有些人只对味觉高度敏感，但这通常也是给人造成最大困扰的两种感觉。

然而，有一种特征广泛存在于几乎所有刺猬小孩身上，或者至少存在于我个人在诊所和日常生活中见到的所有刺猬小孩身上，那就是他们都有高度发达的第六感觉——直觉。

> **几乎所有的刺猬小孩都有高度发达的第六感觉——直觉。**

触觉

人类的皮肤上遍布极度敏感的神经末梢，能够捕捉到最细微的触碰感。愉悦、疼痛、热、冷、粗糙、柔软，所有这些信息都能够被接收，并产生各种各样让人舒适或不适的感受。

对一些刺猬小孩来说，在大多数人看来普通的、不会让人产生不适感的触碰，却可能会使他们产生极为不适的感受。比如，每天早上刺猬小孩选择要穿的三角内裤（平角短裤一般比较容易被接受）和袜子的时候，你都在面对一场潜在的情绪爆发。刺猬小孩对需要接触身体敏感部位的衣物相当在意，可能会拒绝穿某些衣物或拒绝某些面料（比如棉布）。

我经常听到邻居家的小女孩在早上哭闹或者喊叫。我很清楚这是因为什么——"连裤袜二选一难题"的时间又到了。

妈妈非常理解女儿的难处，每天早晨都会平心静气地帮女儿找出她穿着比较舒服的连裤袜。最后，妈妈挑出了两条合适的连裤袜（就是在商店里也找不出其他更合适的了）。小女孩只需要在这两条连裤袜中选择一条穿出门就行了。但事情并不总是那么顺利，女儿讨厌所有的连裤袜，更愿意光腿光脚穿着平底鞋去上学，即使冬天也是如此。因此对她们而言，一年中总有一些季节格外麻烦。

在穿袜子这件事上有一个小窍门：在给孩子穿袜子之前，可以先在他的脚上抹一点护肤油。对大多数不爱穿袜子的孩子来说，这个方法很管用。

莱昂德的妈妈不知道这个窍门，也从来没有机会尝试。莱昂德曾经学过几年花样滑冰。他有的时候完全无法忍受穿着袜子的感觉，宁可光脚穿溜冰鞋，即使在滑冰训练的时候也是这样。但光脚穿溜冰鞋有可能会引起严重的过敏反应，甚至会让他的脚磨出水疱。

还有一些细枝末节也需要父母考虑到：有一些材质，比如羊毛，是孩子无法接受的；衣服上带标签也是绝对不行的；常用的洗涤剂或柔顺剂的更换也会被孩子察觉出来，并会相应地对他产生积极或消极的影响；就连毛巾、床单或者铺床方式的轻微改变也可能会影响他的感受。

许多对触觉异常敏感的小女孩可能更喜欢穿短裙或连衣裙，这样可以避免穿裤子带来的摩擦感，她们更没法接受穿紧身裤，但她们会觉得穿打底裤挺舒服的。

我个人倒是从来没有在穿着上有过类似的难题，衣物的选择于我而言从来不是问题。我小的时候确实不太喜欢羊毛的触感，但是许多普通孩子也不喜欢羊毛，因此，我并不觉得我和他们有什么不同。然而，在我青春期的时候，市面上出现了打底裤和紧身牛仔裤，这对我来说简直是命中注定般的相遇，我太爱这种感觉了！那以后，除了这种类型的裤子，我再也不愿意穿其他裤子了。我的身体已经适应了这种裤子，这些紧身衣物简直可以说为我的生活带来了快乐！穿着它们，我不仅仅是感觉舒适，而是感受到了真正的愉悦。布料紧贴肌肤带来的安全感甚至改善了我的脾气和心情，让我产生了一种在生活中"滑行"的顺畅感受。

刺猬小孩触觉敏感的另一种表现是，他们不愿意光脚走在草地或者沙地上。那种有东西覆盖在脚面上或者钻进脚趾间的感觉，是他们完全无法忍受的。举个例子，每次我把奥尔菲举起来，想把他放在婴儿沙上的时候，他都会把两条腿抬得高高的。过了好几年，他才慢慢适应。我的一个朋友直到成年后仍不愿赤脚站在沙地上，他说那种感觉完全没法忍受，甚至会让他觉得牙疼。

除此之外，一些刺猬小孩的头皮是极度敏感的，这导致梳头发对他们来说不亚于受难，尤其是在头发比较长的时候。

> 有一次，我在诊所里接待了一个小女孩，她的头发又蓬又乱，还严重打结，简直就像讽刺漫画里的那种"野孩子"的头发。她的父母告诉我，他们已经完全放弃梳理孩子的头发了：每次梳头发对孩子而言都极其痛苦，家里因此矛盾频发。他们现在宁可被当成不称职的父母，也不打算帮孩子梳理头发了。

建 议

• 在穿袜子之前，可以在孩子的脚上抹一点油。

• 给女孩子买内裤时，尽量选择平角内裤而不是三角内裤，前者可能会让孩子感觉更加舒适。

- 如果孩子难以忍受某些面料，或者觉得床单不舒服，你可以在他的身上抹一点护肤油。
- 把所有衣服上的标签都取下来。
- 无论孩子的头发多长，都要使用能避免发丝打结的梳子。

～～～～～～～～～～～～～～～～～～～～

听觉

声波由外耳接收，然后通过外耳道传到鼓膜（一层薄膜），引起鼓膜振动，声波被转换为机械能，穿过中耳到达内耳，然后信息被传递给大脑。这个过程在几毫秒之内就能完成。

每个人的大脑都会对这些信息进行不同程度的处理，一些刺猬小孩会对声音有更高的敏感性。

这种高敏感带来的问题在日常生活中是很难处理的：我们能控制自己不去触摸某种东西、屏住气息不去闻某种气味、不去尝某种味道或者不去看某些事物，但是我们很难"关上"耳朵。我们所有人——无一例外——都不得不忍受环境中的噪声。

这就会导致一些旁人通常不会注意到的声响也会干扰刺猬小孩，比如冰箱的噪声、屋外街道的嘈杂声、电脑的噪声、他人的耳语……这些声音都可能会干扰刺猬小孩的注意力，让他们感觉不适。

高分贝的声音对刺猬小孩来说也是难以忍受的，甚至可能会引起他们强烈的恐惧，比如烟花爆竹或吸尘器发出的声音，这些对年龄小的刺猬小孩来说是非常可怕的。

> 我的儿子奥尔菲有着超敏锐的听觉。在他很小的时候，我必须等他走到房子的另一头才能打开吸尘器。他对噪声的恐惧程度使我完全无法推着吸尘器从他面前走过。直到八岁的时候，他还是很害怕烟花，放烟花的时候他会高声喊叫并堵住自己的耳朵。奥尔菲患过多次中耳炎，有一段时间甚至出现了听力下降的情况。我一直认为这其中包含了一些心理因素，他通过这种方式来保护自己免受环境和自己强烈感知的影响。我甚至觉得，可能正是因为他的听力过于敏锐，才导致耳部感染。一切都有可能！无论哪种情况，我真正需要关注的问题是听觉问题。在他带回老师写有"课堂上过于活跃"的成绩单后，我会带他去耳鼻喉科检查他的听力，因为出现这种课堂表现的原因大概率就是听力问题。

声音也有可能是快乐的来源。刺猬小孩往往对音乐非常敏感，懂得欣赏旋律，能够深入地理解一首歌曲或一段音乐所蕴含的感情。

下面这个例子还是关于我儿子奥尔菲的。

幼儿园大班那一年他过得非常辛苦。第一位幼儿园老师虐待孩子，之后幼儿园换了好几位老师。那一年是奥尔菲的中耳炎最严重的一年，他的听力严重衰退，在课堂上的表现也非常不理想。他不愿意去反抗幼儿园发生的事，但是表现得非常躁动。当时班级里的年度活动是成立一个合唱团并进行表演，孩子们选择了法国童声组合"儿童联合"（Kids United）的一首正在流行的歌曲。幼儿园老师一致表示：奥尔菲一开始唱歌，就像变了一个人一样，平和、专注、集中，从内而外地散发出愉悦和平静的感觉。我之前就知道奥尔菲唱歌很棒，他很容易就能记住歌词，甚至能够正确地唱出英文歌的歌词。因此，我一直想让他加入合唱团，但我跟他提起这件事时，他坚决地拒绝了。我尝试跟他解释，他不是独唱，而只是合唱团中的一员。作为刺猬妈妈，奥尔菲的回复让我的心都颤抖了起来："妈妈，我做不到。在唱歌的时候，我的感受太强烈了，以至于我停不下来。有的时候，这会让我感觉很害怕。"奥尔菲现在十岁了，我发现他有一对极其敏锐的耳朵，而且他对音乐也怀抱着极大的热忱（尽管他没有专门去学音乐）。但是，他不唱歌，至少我几乎没有听到过他唱歌，我只见过他嘴唇翕动，我猜他是在心里默唱，这样他内心才不会产生太大的情绪波动。

奥尔菲喜欢听音乐，他常常放着一首歌，坐在扶手椅或者沙发上，静静地听着，什么也不做。

建　　议

日前，针对听觉高度敏感这个问题，可供选择的解决方案并不多，主要的解决方案是利用盖在耳朵上的"保护物"来保护孩子的听觉，比如使用耳塞（要选择孩子戴起来感觉足够舒适的耳塞）或者头戴式耳机。网上的相关产品种类繁多，你可以根据孩子的年龄进行选择。

嗅觉

某些刺猬小孩的嗅觉可能相当发达，灵敏的嗅觉让他们拥有一座充满嗅觉记忆的宝库，或者一口能够调制出某些香味的幸福之锅，或者一张通往充满神奇气味的迷人世界的门票。除了这些愉悦的体验，他们的鼻子也可能会让他们体会

到相反的感受，有些气味会让他们感觉不适，有的时候甚至
会引起他们强烈的厌恶感。

> 坐在汽车里会让爱丽丝感到难受，不过主要是
> 特定的几种汽车。有时，她跟着父母坐车去长途旅
> 行不会有任何问题。但是，当特殊的天气（酷热或
> 暴雨）改变了车厢内的气味时，她一上车就会吐出
> 来。那种气味使她头晕，让她完全无法忍受。有的
> 时候，她甚至可能因为这样的一趟旅行而生病。

对爱丽丝来说，让她难受的根源不在于汽车的移动，她
的前庭系统也没有问题。她的父母告诉我，有些汽车，她一
坐进去就会立刻感到头晕，连一点缓冲时间都没有。她第一
时间就会闻到那种特殊的气味，这让她很不舒服，所以就没
法跟着大家一起出发了。

建　议

为了帮助刺猬小孩克服对某些特定气味的不适感和厌恶
感，你可以准备一些胡椒薄荷精油和一块手帕。将这种精油
连同手帕长期放在包里备用，每次孩子感觉不舒服的时候，
就滴几滴胡椒薄荷精油在手帕上，让孩子凑近手帕进行几次
深呼吸。

温馨提示

胡椒薄荷精油只适用于六岁以上的儿童。

自然疗法医生露西·金斯曼（Lucie Kinsman）也分享了她的窍门：为了帮助孩子摆脱对某些气味的厌恶感，父母可以让孩子将新鲜的罗勒叶或者龙蒿叶放在双手之间揉搓。这种有趣的操作不仅能够吸引孩子的注意力，更重要的是，叶子中令人舒心的气味可以立竿见影地消除孩子的恶心感。

味觉

刺猬小孩会对饭菜格外挑剔。你也许认为所有孩子都很挑剔，但是刺猬小孩对食物的要求可能远远高于一般水平。

高敏感可能使刺猬小孩的整个味觉世界都受到影响，食物的颜色、质感、某些特定的味道等都可能让刺猬小孩产生排斥心理。总之，餐盘中的任何一个细节都有可能成为父母的挑战！

菜昂的父母向我讲述了菜昂的味觉问题：从很

小的时候，莱昂就开始挑食了。一开始，莱昂的妈妈因为要回到工作岗位上，所以打算给他断奶，但她遇到了很大的困难。由于她的工作需要经常出外勤，不方便使用吸奶器，因此她想给莱昂喂奶粉。但莱昂有他自己的想法：除了母乳，他坚决拒绝任何其他食物。无奈之下，莱昂妈妈只好坚持吸奶，而且直到断奶，她也没能成功地让莱昂习惯使用奶瓶喝奶粉。另外，到了该吃辅食的时候，莱昂完全拒绝食用块状的食物。因此，他基本是吃着一种特定的意大利面配火腿长大的，这是为数不多的他能接受的食物。现在莱昂已经十一岁了，但是吃饭对他来说仍然是个不小的挑战：饭菜的颜色越多，可能出现的问题就越多。所有的蔬菜——真的是所有——对莱昂来说都是完全不能接受的，只有一种奇怪的绿色有机菠菜泥能够让他勉强下咽！

建　　议

尽早带孩子下厨

让孩子亲自参与做饭的过程，把他培养成你最得力的小助手。你可以让孩子从拿取食材开始练习，教他分辨不同的食物。在这个过程中，他会慢慢适应某些食物的气味，甚至可能愿意尝上一两口——只要我们答应他不把这种食物往他的餐盘里放。你也可以教他制作蛋糕、巧克力慕斯或者水果沙拉。孩子就算不愿意吃他自己做的东西，也会在制作食物的过程中感受到乐趣。

从尝一口开始

你可以试着告诉孩子，他不需要吃所有的菜，也不需要什么都爱吃，但是，为了表示对厨师的尊重，他也应该尝一尝，哪怕只尝一口。

视觉

视觉对刺猬小孩来说有着特殊的意义，事实上，他们主要依赖视觉来对周围的环境进行分析。就像我们在前文中讨论过的一样，刺猬小孩会"阅读"他们身边发生的事情，观察人们的态度、表情、姿势（所有的非语言交流方式）。他们能够"看到"其他人注意不到的信息。

刺猬小孩主要依赖视觉来对周围的环境进行分析。

刺猬小孩对周围环境的细节和变化非常敏感，一切都逃不过他们的眼睛。视觉往往是他们的优势所在，一般不会造成麻烦。

在视觉方面，刺猬小孩最可能出现的问题是对光的强度过分敏感。强光可能会导致他们分心、过度兴奋，有的时候甚至会使他们头痛。

建　　议

不要在家中安装氖灯或卤素灯

如果有条件，最好能在家里（尤其是孩子的房间里）的电灯开关上装一个调节器，这样方便孩子将灯光调整到他最舒适的亮度。你也可以在天花板上装一个顶灯，再多补充几个辅灯，以达到分散光源的目的。

安装百叶窗

百叶窗能够将太阳的光线过滤到合适的强度。

给孩子买一副合适的眼镜

可以为孩子买一副好的太阳镜，方便孩子外出时戴。也可以给孩子买一副镜片略带颜色的眼镜，这样可以使他不受教室亮度的干扰（毕竟他无法去调节教室里的灯）。

第六感觉

接下来，我们就要讲述一个几乎所有刺猬小孩身上都会出现的普遍现象——第六感觉（直觉）发达。刺猬小孩的情绪接收仪上布满了各种各样的感受器，使得他们经常能够比别人更早察觉到即将发生的事情。他们的直觉是特别敏锐的。

一般情况下，他们会因为预见了未来可能发生的事情而变得非常焦虑或激动，就像预感到风暴等灾害即将来临的动物。他们能够捕捉到如此多细致入微乃至难以觉察的信息，因此他们能够敏锐地意识到或预判事情的发生。

刺猬小孩拥有极多的感受器，因此他们经常能够比别人更早察觉到即将发生的事情。

比如，有些刺猬小孩能够敏锐地察觉到妈妈又怀孕了，而且很可能比妈妈知道得更早。有些刺猬小孩在天气很好的时候也会拒绝出门（尽管他们很喜欢晴天），果然一个小时之后，外面突然刮起了大风。还有些刺猬小孩会突然提起某个许久未联络的远房表亲，结果一个小时之后那个人真的打来了电话……诸多类似的事情，让刺猬小孩身边的人惊讶不已。

刺猬小孩玛蒂尔德五年前被现在的父母收养。今年，父母又开始办手续准备收养另一个孩子，但他们没有告诉玛蒂尔德。有一天晚上，父母邀请了很多朋友来家里做客，玛蒂尔德对所有人大声说道："你们知道我就要有一个小妹妹了吗？她很快就要来家里了。"玛蒂尔德的父母非常惊讶，他们明明没有告诉她这件事，她又是怎么知道的呢？收养的程序是非常复杂的，很可能最终无法如愿，当初收养玛蒂尔德时就花了好几年。父母不想让玛蒂尔德失望，就没有告诉她。于是，妈妈说："可能吧！也有可能是个小弟弟。不过，现在所有事情都还没有确定，说不定几年之后才会来呢。"但是，玛蒂尔德安慰他们说："不，她就在来的路上，我听到了她的声音。她告诉我她很快就要来了。"大家听了，只是觉得玛蒂尔德的这种"幻想"非常可爱。然而，第二天，出乎所有人意料的是，玛蒂尔德的父母接到了一个电话，他们被告知：找到了一个符合他们要求的小女孩。

刺猬小孩的第六感觉经常让家里人感到惊讶，虽然不总是像玛蒂尔德那样神奇，但往往也让我们怀疑刺猬小孩是不是拥有超能力。这就是刺猬小孩的第六感觉，他们能够感知到即将发生的事情。

前庭系统

前庭系统位于内耳，与平衡感有关。

运动和平衡的感受经常被认为是第七感觉。有些刺猬小孩的平衡感非常敏锐，各种形式的运动都会让他们感到不适，连跳跃对他们来说都是难以忍受的，因此他们并不喜欢游乐园里的项目。

我在前面提过，我的侄子已经十七岁了，但他仍然拒绝走进游乐园。这并不完全是因为童年时期旋转木马给他留下了不好的回忆——坐过一次旋转木马后，他难受了整整一天——他就是完全无法忍受游乐项目。这也是为什么他小时候不喜欢和表兄弟们一起玩耍，也不愿意在花园里翻跟斗。他的前庭系统太过敏感，以至于他无法从这类活动中获得乐趣。

我的朋友莎拉从小乘坐交通工具时就会感到不适。她顶多只能忍受乘坐自行车、轿车和火车，如果坐地铁、公交车或者飞机，她就会晕得厉害。后来她逐渐长大，不得不慢慢适应这类交通工具，她甚至用了一些古老的偏方，才能够勉强正常出行。

~~~~~~~~~~~~~ 建　　议 ~~~~~~~~~~~~~

莎拉的窍门

• 在乘坐交通工具之前，保证孩子既不空着肚子，也不吃得太饱。

• 让孩子将视线聚焦在他眼前的一个固定点（比如地平线或者车外的一个点）上，不要四处移动视线。

• 保证孩子稳稳地坐在座位上，减少身体移动。

• 在乘坐交通工具期间，不要读书或者看手机屏幕。

• 如果可以，请司机在开车过程中尽可能开得平稳一些，不要有猛烈的急刹车或者急加速。

• 确保车厢的温度不会过高，可以稍微打开窗户，留一条缝，保证空气流通。

• 坐公交车时，尽量让孩子坐在前排。

• 坐火车时，尽量让孩子的座位朝向与火车前进的方向一致。

• 坐飞机时，尽量选择颠簸感最轻的位置，也就是飞机中部靠近机翼的位置，并让空调的风对着孩子的脸吹（但是要注意，有些孩子受不了空调直吹）。

• 关于孩子不喜欢游乐项目的问题，解决办法非常简单。父母要记住，孩子完全无法从中体验到乐趣，因此，除非他自己想玩，否则不要逼他。

自然疗法医生玛戈隆娜·德瓦雷（Maguelone Develay）的精油法

• 药用薰衣草（别名狭叶薰衣草）精油：这种精油的耐受性很高，一般全家人都适用。请选择质量过关的精油，推荐有机薰衣草精油或者有欧盟原产地命名保护（AOP）标志的高品质薰衣草精油。

• 小粒酸橙树精油：对不喜欢薰衣草气味的人来说，酸橙树精油可以作为药用薰衣草精油的替代品。这种精油也基本上适用于所有人。

第七章

刺猬小孩的身体反应

每个人的身体都有独特之处。有些人怕痒，有些人怕痛，有些人容易疲倦，还有一些人隐藏或压抑着的情绪特别容易在皮肤上表现出来，但无论如何，我们都无法控制身体反应。

刺猬小孩也一样，不过，他们有自己的特殊之处。就像前面每一章的开头提到的一样——你可能已经习惯了！——我们还是要说：以下的种种论述不一定适用于每一个刺猬小孩。

与众不同的疼痛阈值

一般来说，刺猬小孩的疼痛阈值要低于常人。也就是说，他们会比别人更怕痛，更容易觉得不舒服。

当他们感觉到痛的时候，这个感受是完全真实的。因为他们的感受比其他人更加敏锐，在遇到小伤小痛或者平时生病的时候，他们也会产生过激的反应。同时，他们丰富的想象力会开始发挥作用。他们会陷入恐惧的深渊，满脑子是各种各样的想象，这些想象会进一步加剧他们的痛苦。

　　我的继女宝拉小的时候，每一次受伤都可谓惊天动地。就算皮肤上连一点红肿都没有，她还是会大喊大叫，满眼是泪，小脸吓得都变形了。我们每次都得用手机拍一张"伤口"的照片给她看，向她展示磕碰的地方确实完好无损才行。我自己养大的两个小男孩，一个曾经磕断过门牙，还有一个进过好几次急诊室，但他们都没掉过一滴眼泪，因此我对小姑娘有这样激烈的反应是有点惊讶的。不过，我很快明白过来，宝拉的眼泪很大程度上是疼痛和紧张共同作用的结果。父母口中的"没什么问题，一点儿事都没有"对她来说是完全没用的。她必须亲眼从屏幕上看到，也就是借助外部的视角来观察她身体上的伤口（即使伤口就在她能够直接看到的地方）才行。这是她与痛感拉开距离的独特方式，可能也是她安抚自己的独特方式。

还有一些刺猬小孩的情况是完全相反的，他们的疼痛阈值相对较高，尽管这种情况并不多见。比如，有的孩子摔了一个大跟头后，一声不哭，自己爬起来，拍拍手上或腿上的土就完了，即使膝盖上破了一大块皮，顶多就是说一句"有点疼"。

这也会让父母感到吃惊！因此，如果奥尔菲抱怨哪里不舒服，我就得赶紧带他去检查，因为他大概率是真的生病了。

无论你的孩子对疼痛的反应是灵敏还是迟钝，我都建议你在孩子有了麻烦需要照顾的时候始终保持冷静。你要养成习惯，在孩子摔倒的时候不要急匆匆地冲到他的身边。我不是让你不管他，而是希望你在他摔倒的时候平静地走过去，问问他发生了什么，问他害不害怕、疼不疼，然后对他说："别担心，咱们一起来看看你受伤了没有，伤得重不重。"

由于刺猬小孩的想象力是很强大的，而且他们很容易受身边人情绪的影响，因此，如果他们感受到了你的恐惧，那么他们的痛苦会比你的更强烈。

如果你表现得非常自信和淡定，他们就会觉得能够依靠你、相信你，从而他们的恐惧和担忧也会快速消失。

> 由于刺猬小孩的想象力是很强大的，而且他们很容易受身边人情绪的影响，因此，如果他们感受到了你的恐惧，那么他们的痛苦会比你的更强烈。

高敏感的躯体化

身体有时会向我们透露一些我们不愿意接受、自己无法消化或者想要自我欺骗的信息。

这种情况与过敏类似（过敏本身就是对某种过敏原高度敏感的体现），面对未知的、入侵的事物，身体会做出强烈的反应。身体正在抗争，它想要守护自己的领地。

刺猬小孩从生活中接收的高强度刺激实在太多了，导致他们体内积压了很多情感或感受无法表达。这些情感和感受如果没有得到合理释放，就会日积月累地沉积下来。有的时候，这没有什么大不了。但是，有的时候，孩子面对的是烧心灼肺的真相、沉重无比的谎言、令人动弹不得的恐惧、使人心头抽搐的痛苦、逼得人无声流泪的愤怒，到了这种地步，刺猬小孩就没有办法再控制自己的身体，只能任由风暴肆虐、火山喷发了。此时，身体就会给出表达痛苦的信号，比如湿疹、牛皮癣、呼吸系统问题、肠道问题等。

　　妮娜十五岁了。她小时候经常咳嗽，这种咳嗽一般都很轻微，大多数情况下难以引起父母注意，但这一直刺激着妮娜，让她感到筋疲力尽。那几年里，父母带着妮娜看了很多次医生，做了很多种检查，但医生也说不清到底是什么问题。

　　现在妮娜已升初三。她是个认真学习的好学生，即将到来的初中毕业考试让她有些焦虑。与此同时，父母发现她的咳嗽加重了。当时正值花粉季，父母想，也许是过敏所致。后来，妮娜的咳嗽越来越严重，父母不得不把这当成一个"真正的"问题去对待。他们去看了呼吸科医生，医生知道妮娜的情况，也知道检查结果显示没有任何器质性病变。于是，医生把我介绍给了妮娜的父母，他认为也许放松疗法能够起到一些作用。我和妮娜就是这样认识的。经过几次诊疗，妮娜终于将几年间压抑着的情绪和盘托出。此后，她不再咳嗽，她已经把堵在喉咙里的东西倾吐出来，再也不用受它困扰了。

和妮娜一样，许多刺猬小孩，尤其是内向型刺猬小孩，内心往往都压抑着一些难以吐露的情绪。当压抑的情绪积累到一定强度之后，身体就会用自己的方式把它释放出来，这就是我们所说的"躯体化"。

正因为如此，我们才反复强调倾听孩子的诉说的重要性。当孩子谈起自己的困扰时，请父母务必扮演好倾听者的角色。

疲倦：刺猬小孩的"阿喀琉斯之踵"

刺猬小孩的生活一点也不轻松！他们持续接受着各种信息的轰炸，又缺乏保护性的过滤装置，这导致他们的大脑负荷很快就会达到饱和状态，然后被疲倦压倒。

他们不仅仅很容易疲倦，而且对疲倦的感受还非常强烈。

因此，刺猬小孩随时可能出现一些反应，如注意力分散、愤怒、哭泣、萎靡不振等。疲倦的时候，刺猬小孩不再是他自己了，而会变得有攻击性，或者将自己封闭起来。

容易疲倦这个问题会影响孩子的行为表现，可能还会波及他身边的人，"表现不好的小孩"这个标签会又一次贴在他身上。但是不要忘记，第一个受疲倦折磨的是孩子自己。为了不让负面标签影响他的自信、伤害他的自我评价，也为了让孩子早日摆脱负面标签，父母需要留意一切能够帮助孩子缓解疲倦的方法，并确保孩子有足够的时间休息和放松。

相比于其他孩子而言，刺猬小孩需要更多休息和放松的时间。

平静的时光、午间小憩和高质量的睡眠都是刺猬小孩最好的休息方式。

刺猬人群倒时差时会更加困难，对睡眠不足的反应也更加强烈。

由于绝大多数的刺激都来源于视觉，因此，闭上眼睛休息是必不可少的。你可以给孩子准备一个眼罩，一个装满亚麻籽的眼罩也能够起到一定的作用，它可以使双眼得到几分钟的深度休息。另外，由于刺猬小孩的身体非常容易疲倦，会过度排出无机盐，因此，丰富多样的高质量膳食至关重要。

对糖和兴奋剂高度敏感

刺猬小孩对摄入的食物非常敏感：含糖饮料、含有色素的糖果、含有兴奋剂的饮料……这些都可能在刺猬小孩的身体内部引发一场"爆炸"。

他们的身体有时对糖分极为敏感，血糖的波动可能会引起他们的不适：出现低血糖的感觉，继而情绪失控，大发脾气。

有的时候，这种低血糖的感觉与压力直接相关。如果体育活动或者放松休息不能消除这种感觉，就会形成恶性循环：压力激素（肾上腺素或皮质醇）会使肝脏和血液中的葡萄糖水平升高，接着胰腺收到信号开始分泌胰岛素来降低血糖。而血糖水平的猛烈下降可能会让孩子心绪不宁。

特别容易焦虑的刺猬小孩更容易被以下问题困扰：即使血糖水平正常，胰腺也会因日常生活压力的刺激而分泌胰岛素。这样就会导致血糖水平偏低，进而引起身体的反应，刺猬小孩就会感到虚弱、不适、头晕眼花、双手发抖、心跳加速等。

我的儿子奥尔菲对血糖的波动一直非常敏感。在他小时候，我经常在他吃完下午那一顿加餐点心后去托儿所接他。他每次都是在见到我时很开心，而在回家的路上大发脾气。我的妈妈找到了解决办法：即使奥尔菲刚吃完点心没多久，她也会带一份零食让他在回家的路上吃，然后一切都很顺利。自从我开始使用妈妈的这个办法（托儿所工作人员对此完全不赞成，因为奥尔菲刚吃过一顿点心"大餐"），奥尔菲在回家路上的愤怒就消失了。事实上，胰岛素必然会对抗点心中的糖分，而血糖水平的下降确实影响了奥尔菲的情绪。

直到今天，如果他喝了含糖量（含色素）很高的饮料，那二十分钟后，其他人就需要暂时躲起来避一避——绿巨人浩克现身了！事后我们会付之一笑，但当下真的不好过，对他和我们来说都是如此。

我至今也仍然对血糖的波动非常敏感。当我还是孩子的时候，有时在课堂上我会突然面色苍白，那时，我是唯一一个被允许在上课期间吃蛋糕或糖果来"恢复体力"的学生。怀孕期间，我也多次经历低血糖危机。我对饥饿和咖啡因非常敏感，如果一天喝两杯咖啡，我就会出现心悸和眼皮长时间跳动的症状。

身体的特殊反应

刺猬小孩还会有一些特别的身体反应：一部分刺猬小孩对药物的反应与常人不同。

实际上，许多刺猬小孩的父母都发现孩子服用药物后出现了和预期相反的效果，且孩子几乎总是出现同一种类型的反应：药物的刺激太过强烈，不仅没有帮助孩子安静下来或者让他们入睡，反而让他们更加兴奋了。

许多刺猬小孩都非常容易感染肠道寄生虫。他们的肠道菌群和他们自身一样有着超高的敏感度，因此很容易发生感染。这也就是当你看到孩子在凳子上扭来扭去，比往常更容易激动，或者睡不安稳的时候，一定要带他去检查、治疗的原因，医生或者药剂师都能给你提供建议和帮助。另外，还需要注意的是，如果医生说需要治疗并给出了治疗方案，那最好全家人都跟着一起治疗，有的时候甚至连家里的宠物都需要一起接受治疗。

〜〜〜〜〜〜〜〜〜〜〜 建　　议 〜〜〜〜〜〜〜〜〜〜〜

包裹身体放松法

我在这里分享一个我从自己的接诊经验中总结出来的放松方法：用一条柔软的、延展性好的被子或毯子，从肩至脚将孩子包裹住。

这一方法的目的在于让孩子体会全身被包裹的感觉，让他意识到自己的身体是一个统一的整体。包裹躯体能够让孩子平静并产生安全感，能够安抚孩子内在的躁动，平复他心中的恐惧，保护他不受强烈感知的干扰，慢慢地提升他的自我信赖程度。

刺猬小孩面对外在环境时经常会感觉缺乏一层过滤网来保护自己，因此，这个方法非常适合他们。我是在治疗一个刺猬小孩的过程中，和他一起发明了这个方法。

找一个安静的环境，确保不会被打扰。准备一张能铺在地上的垫子（或者一条厚厚的毯子），再准备一条延展性好的被子。

调节房间里的光源，使其变得柔和（不要打开顶灯，除非顶灯可以调节光线强度）。将垫子或者毯子横向铺在地上。像包春卷一样用被子将孩子严严实实地包裹住，由于被子具有延展性，孩子可以充分地放松自己，同时又能感受到被一层保护层环绕着。如果被子无法完全裹住孩子的腿，则可以再加一条被子，从脚部向上把孩子的腿裹住。请注意，必须确保孩子的头部和颈部不被覆盖，确保孩子的头部没有被蒙住。

身体一旦被温柔又严实地"包裹好"，孩子就"准备好"放松了。你可以找一个舒服的姿势坐在孩子的头部旁边，按摩孩子的脸部。

接下来，你可以坐在孩子旁边，对他的身体两侧进行按摩，从肩膀到脚趾，再从脚趾到肩膀。

你不用担心自己做得不够好。相信自己，只要你和孩子能够找到各自感觉舒适的位置，之后你自由发挥就可以了。比如，你可以用手环绕着抚摸孩子身体的轮廓，轻轻地按摩他的肩膀或者手臂，温柔地揉揉他的小肚子……只要你觉得自然，对孩子来说就是甜蜜而愉快的。

为孩子做完按摩之后，你就可以让孩子从被子里出来，伸展一下四肢，活动活动手臂了。

在这个过程中，你应该让孩子自己掌握主导权，就像他刚刚起床、从被窝里出来时一样。这个时候，他得到了充分的放松，心情也平静下来了，就可以重新开始自己的活动了。

学习武术

武术本身强调纪律性，尤其适合刺猬小孩练习。学习武术能够锻炼体能、增加自信，有助于集中注意力，还可以增强身体的协调性。但这些还不是全部！孩子在学习武术的过程中能够结下深厚的同学情谊，获得温馨的团队归属感，对刺猬小孩来说，这种体验在日常生活中很难拥有。最后，练习武术还有一个不能忽视的优点：能够加强孩子对自己身体的掌控力。

以下这些活动能够同时锻炼孩子的身体和心智，让孩子体会到美妙的生命哲学。

跆拳道

跆拳道起源于朝鲜半岛，它的意思是"拳与脚的功法"。跆拳道包含多种格斗技巧，其中最主要的是精彩的脚踢动作。

空手道

空手道起源于日本，含义为"不使用武器的功法"。空手道包含多种攻击和格挡的技术，孩子在练习过程中能学会如何充分利用身体的各个部位。

柔道

柔道也是一种日本武术，意为"温柔的功法"。练习柔道可以让精力旺盛的孩子学会集中和引导自己的能量，让害羞内向的孩子学会在别人面前展现自我。孩子可以在练习过程中学习如何正确地摆放自己的身体，培养良好的平衡感，并学会正确的摔倒方式。孩子还可以通过柔道练习"形"（具体的动作套路）并将其应用在对抗之中。

合气道

合气道同样是一种来自日本的武术，其含义为"能量和谐的功法"。合气道的精髓不在进攻而在于防御。合气道既有空手招式，也有持武器的招式，如合气杖（长棍）、合气剑（木剑）或居合刀（木刀）。合气道是不论输赢的！

功夫

功夫是一系列中国武术的统称，功夫的一种字面含义是"想要完成某事所耗费的时间和精力"。功夫将自卫技巧和生活哲学巧妙地融合为一体，它有助于练习者保持身体健康，减轻疲劳和压力，增强个性，以及学会利用运动的形式来表达自我。功夫首要追求的便是身体与精神的统一。

卡波耶拉（巴西战舞）

卡波耶拉来源于巴西的非洲裔移民，富有娱乐性，同时需要类似杂技的技巧。卡波耶拉以一种不与对手进行身体接触的舞蹈进行对抗。练习卡波耶拉时需要充分调动腿与脚，其实战形式是圆圈舞（Roda），舞者围成一个大圆，在舞蹈的同时，一边唱歌一边演奏音乐。

练习瑜伽

练习瑜伽可以给孩子带来内在的宁静，能够让孩子通过柔和的、可以自我控制的动作，将注意力重新聚焦到自己身上。

你可以先让孩子学几种简单的瑜伽体式（他如果很有天

赋或者很喜欢，可以再慢慢学一些有难度的动作），并督促孩子经常练习。你可以让孩子自己练习，也可以和孩子一起练习。

眼镜蛇式

趴在垫子上，双臂平放在身体两侧，双手放在脸颊旁边。用手缓缓撑起身体，抬起头部和背部，保持骨盆和腿部始终不离开地面。

保持这个体式，用鼻子进行五次平静、深长的呼吸。也可以准备一个计时器，让孩子保持这种体式，呼吸一分钟。

猫式

跪在地上，同时双手着地，保持背部平直，视线向下，看着地面。用鼻子呼吸，呼气的同时将背部拱起，视线转向自己的腹部。重复这个动作五次。

青蛙跳

保持直立，双腿双脚分开（但不要过度分开），然后慢慢下蹲，全程保持双脚踩实地面。接下来，双手置于身前并贴地，五指张开，保持平静的呼吸。然后，尝试着在保持双手不离开地面的情况下跳起来，并重复七次。

树式

单脚直立，另一只脚的脚掌贴在直立腿的大腿上，膝盖朝向外侧。双手掌心并拢，向上举过头顶，保持身体平衡，连续进行三次平静而深长的呼吸。

龟式

以蝴蝶式坐在地上，双脚脚掌相对，双手从双腿下方穿过，抓住脚尖。接下来，向前俯身，尝试用额头贴住双脚，同时弯曲背部。告诉孩子，要保持内在的平和，尝试像乌龟一样平静地呼吸。

婴儿式

跪坐在地上，双脚的大拇指相互接触，向前俯身，直至前额贴住地面。接下来，向后伸展双臂，掌心向上，闭上眼睛，用鼻子进行平静而深长的呼吸，保持一分钟（或者保持五次呼吸）。

刺猬式

这个体式目前还不存在，但可以让刺猬小孩自己去设计！只要这个体式让他感觉舒适，可以进行平静而深长的呼吸，像森林里愉快的小刺猬一样，就足够了。

通过跑步释放情绪

跑步是一项既简单又能够释放自我的运动。

我的建议是，你可以找一片开阔的空间，牵着孩子的手，和孩子一边奔跑一边尽情呼喊。无论是对你还是对孩子来说，这是在紧张的一天过后最好的自我放松方式。

由于刺猬小孩与其他孩子相比，会接收到更丰富的信息，产生更复杂的情绪，因此，像跑步这样可以释放积压情绪的运动对他们来说是非常重要的。此外，在家中尽情地跳舞，或者声嘶力竭地大声唱歌，都能起到很好的效果！

专家见解

斯蒂芬·佩雷兹（Stéphane Perez），是法国蒙彼利埃的物理治疗师，他在临床实践中引入了一些特殊角度的研究，并且探索了这些方法在生理学与心理学方面的应用。我们可以和斯蒂芬医生一起，并从另一个维度去理解高敏感性及高敏感人群的生活方式。

可以跟我们谈谈您研究人类天性的独特视角吗？

我的视角能够帮助我更好地理解高敏感人群，更好地陪伴他们经历自身的自然变化。用天体物理学家的话来说，我们每个人都是"星际尘埃"。宇宙和行星会通过各种各样的方式对我们产生影响，而且这种影响很可能从我们还是胚胎的时期就已经开始了。关于行星运行的影响，目前已经得到验证的是，天体存在电磁场、引力场、声场与振动场，所有这些构成了天体物理学家口中的"天体音乐"。这一术语在几个世纪之前就被毕达哥拉斯使用过，还有许多伟大的作曲家和音乐家也曾经受到这种宇宙和声原理的启发。

从这个角度看，人类像是某种乐器的无线收发器，能够感应到来自宇宙的信息并将其转化。人类就是有生命力的天线，能够敏锐地感知宇宙的整个能量谱，无论是最轻柔的，还是最强烈的。

从实践角度，您会给高敏感人群什么建议？

我们知道高敏感存在不同的类型，我的原则是重点考虑"原生"的力量或者是天生的性格。

在这个原则的指导下，我在接诊时首先要做的事情就是区分哪些类型是天生的、哪些是后天经历导致的。传统的心理学往往主要关注后天经历，心理医生希望从病人曾经体验过的某种经历或者氛围中找出行为或症状背后的罪魁祸首。当然，这也是非常重要的，但是后天的经历和先天的特征是相互独立的，天生就具有的特征也需要合适的理解和解读。

对孩子来说，有时一些简单的游戏或对话就能够让他们更好地理解并接受自己在行为上与他人的不同之处。举个例子，我们可以将内心的情感拟人化，比如叫它们"敏感太太"或"愤怒先生"，有时它们之间会发生争执或矛盾！

作为父母和教育者，我们需要尊重每个孩子情绪的独特性，与其将这种独特性当成缺陷，不如帮助孩子把它转化成一种力量。这样，我们就能够帮助孩子培养自信，也可以说是帮孩子"敞开心扉"。所有教育的核心，都应该围绕那句著名的格言——认识你自己。为了能够在社会上找到自己的位置、发挥自己的作用，唯一的解决方案就是了解能真正驱动自己的天赋能力和内在力量！

第八章

刺猬小孩的内在力量

刺猬小孩有许多种能力，并且会用属于自己的独特方法来发挥这些能力，这使他们拥有显著的优势。

强烈的感受常常使他们才思敏捷、能力超群，对事物充满兴趣和热情；对环境不间断的分析能够滋养他们，使他们的内心世界日益丰富；对所有事物的高度敏感会强化他们的直觉；他们充沛的情感、与他人融洽的关系，会使他们成为值得信赖的朋友和充满正义感的人。

刺猬小孩能够深入地感受生活并为之感动。他们本身就有独特的天性，如果这种独特的天性还能得到悉心呵护，那么在他们面前展开的将会是无比精彩的人生。

充满激情

无论是一时的心血来潮还是长久的沉迷，激情都是刺猬小孩生命中的重要组成部分。

这种激情经常隐藏在日常生活之中。对我来说，我喜欢弹钢琴，也喜欢练体操，但这些并不是我真正热爱的。我真正热爱的是和朋友间的友谊，是和他人之间的联结，是心灵故事，是伟大的传奇，是人与人之间的关系，是爱。我会一遍一遍反复观看电影《乱世佳人》(*Autant en emporte le vent*)、《安琦丽珂：天使们的侯爵夫人》(*Angélique Marquise des anges*)，还有电视剧《荆棘鸟》(*Les Oiseaux se cachent pour mourir*)，我会去读一切我能读到的文学经典作品。我对人类的冒险充满了渴望。它们点燃了我的激情！

这种激情也会表现在各种强烈的兴趣爱好中。对我的儿子奥尔菲来说，他有许多兴趣爱好，它们交替出现。当他学到字母发音的规则和其中的小小"陷阱"（比如，法语中字母"O"和字母"U"同时出现时读作"OU"，那些形似三明治的字母组合"ELLE""ETTE"会有完全不一样的读音，等等）时，他就像顿悟了一样。每天早上（连续几周），他只要一起床，就和我一起走进浴室，然后自己坐在地板上，睡眼蒙眬间就开始玩拼读单词的游戏。那时，他还只有五岁！

现在，他参加了各种各样的活动，所有的事情都让他很有兴趣，他既想参加英文戏剧表演，又想练乒乓球，还想踢足球。通常情况下，只要当天做了自己喜欢的事，他就会说这是他"人生中最美好的一天"。而他所谓的"自己喜欢的事"，可能只是在科学课上听了有关杠杆原理的内容（真的是这样！）。

还有一些刺猬小孩可能更加专注于某一种兴趣爱好。比如，他们会投身于音乐、漫画、体育活动、养小鱼小虫等。对于他们喜欢的事情，他们会非常投入，几乎是抱着研究的心态。激情使他们在自己感兴趣的领域很早就体现出了专业化。

内心世界丰富多彩

刺猬小孩对周围环境敏锐的感知力、多层次的情感体验和不间断的反思，使得他们拥有丰富多彩的内心世界。他们的内心有一个只属于他们自己的"阿里巴巴山洞"，在任何需要发挥想象力的时候，他们都可以随时随地进入洞中取出宝物。

刺猬小孩在绝大多数时间里都不会感到无聊，因为他们的内心世界就像一个充满乐趣的庇护所。

西蒙娜已经上小学二年级了，但她还是拒绝参加任何课外活动，因为她希望有足够的时间自己一个人玩。她酷爱摩比世界的玩具，世界上的任何事情都不能耽误她和摩比世界的小玩偶一起跳舞、唱歌或者做别的游戏，哪怕只耽误一两个小时都不行。

奥尔菲则正相反，他喜欢躺在自己房间的扶手椅上，静静地待上很长时间，因为他喜欢思考。

玛戈从三岁起开始和她的两个想象中的朋友聊天，而且这两个朋友会和她同步长大。

内心世界过于丰富可能会导致两种后果。第一种，想象的力量太过强大，导致想象和现实之间的界限变得模糊，想象可能反过来压倒现实。有时候，孩子并没有撒谎，他是真的分不清楚某些事情到底是想象的还是真实发生过的。

对刺猬小孩来说，有时想象和现实之间的界限会变得模糊。

第二种，由于"阿里巴巴山洞"多彩诱人又容易进入，因此现实生活中的活动可能无法吸引孩子，结果就是孩子难以集中注意力。

为了消除可能出现的负面影响，父母需要为孩子找一些能够吸引他注意力的活动。一般来说，需要动手操作的活动比较有效，如陶艺、园艺、烹饪等。对刺猬小孩来说，直接接触原材料能够让他放松、获得平静和恢复活力。这类活动可以让孩子的内心感受有一个"锚定点"，有利于控制想象力的发散。

巴赫花精中的铁线莲精油也有同样的效果，可以帮助那些内心世界特别丰富的孩子建立与现实世界的连接。

独具创造力

刺猬小孩丰富的内心世界和天马行空的想象力是孕育创造力最肥沃的土壤！

他们可以用你的鞋盒给爬行类昆虫建造一所能够展现最新技术的房屋；他们也可以用几片硬纸板造出一个小棚子或者一个集市摊位；他们还可以把旧抹布变成最时尚的装饰品，把要回收的废纸变成漫画书……

因此，他们需要足够多的材料！

我的家里随时备着大量胶带，而我妹妹的家里则留着所有的硬纸板。我曾经在诊所接待过一位妈妈，她在家里留着满满一大纸箱的"宝贝"，这样她的两个刺猬小孩就可以随时做手工。

你可以自由发挥，找出能够激发他们创造热情的办法。对刺猬小孩来说，他们不太关心创造的最终结果，而是享受创造的过程。思想和行动之间的直接联系，能够激发他们内在的动力。另外，在制作过程中所需要的专注状态也可以平息他们内心杂乱的思绪。

直觉敏锐

我们在前面的章节中已经讨论过：刺猬小孩的优点之一，是他们拥有高度发达的第六感觉。

实际上，因为刺猬小孩擅长分析环境、解码非语言信息，所以他们常常能够预见一些事情，甚至能够感知即将到来的人或即将发生的事。这种直觉使得他们与和自己相似的人更加亲近，因为他们能够与之分享自己丰富的内心活动；同时，直觉也会引导他们选择更加适合自己的活动。

为了充分发挥孩子卓越的第六感觉，请认真听你的刺猬小孩说的话（就算他的有些想法对你来说非常怪异，也要给他机会让他试试看），帮助孩子建立自信。有些孩子一直有顾虑，不愿意敞开心扉，分享他们的所思所感，因为他们还没有找到足够的证据或者合理的解释。你需要负责任地告诉孩子，他的直觉不一定就是事实，但是关注直觉仍然是非常重要的。

对朋友忠诚

刺猬小孩拥有细腻的感知、活跃的思维和丰富的内心世界，所以他们常常是理想的谈话对象，同时也是可以分享秘密的忠实朋友。刺猬小孩有着善良的本性，无论年龄多大，他们通常都善于倾听，能够获得他人的信任。

除此之外，刺猬小孩高度的共情能力和对深入的人际关系的渴望，使他们能够在很长的时间内与他人保持真诚而忠实的友谊。

英格丽德正在上小学二年级。还在幼儿园的时候，她就不愿意和人发生冲突，但她能够在其他爱争吵的朋友之间发挥调解作用。她在自己没有意识到的情况下就担负起了调停人的角色。现在也是如此，如果班上的小朋友之间爆发了争吵，那么同学们总是最先想到要找她。英格丽德有两个特别好的朋友，一个小姑娘是她在幼儿园小班和中班的同学，但是后来搬家了，另一个小姑娘是去年刚来到她班里的。尽管第一个小姑娘已经不在英格丽德的学校了，但英格丽德还是和她保持联系，对她和对新朋友一视同仁。

拥有高尚的价值观

刺猬小孩对内心强烈感受的不断反思使他们塑造出了高尚的价值观。

刺猬小孩往往都很重视对自然和地球的保护。他们懂得欣赏植物与动物之美，而且很容易被感动，这使他们很早就产生了保护环境的意识。你如果为孩子订阅了少儿科普杂志《图说科普》（*Images Doc*），或者给他看一些库斯托船长[1]的报道，你很有可能会发现孩子成了一个小小的地球卫士。刺猬小孩会了解那些和自己有着同样热忱的人，而且会渴望为建设一个可持续发展的世界贡献自己的一份力量。

按照四个孩子的要求，我和我丈夫每年都会给他们每人买一套圣诞倒数日历[2]。两个大孩子到了上中学的年纪对此就不再感兴趣了，但是还有两个年纪小的孩子对此乐此不疲。除了购买这种日历要花的钱，更重要的是，日历使用的那种用纸或塑料制成的外包装让我们觉得浪费。两年之前，我们想了一个主意，告诉两个年纪小的孩子（其中一个是奥尔菲）：现在有两个选择，要么我们买日历，但是同时这些包装最终会变成垃圾（你们是开心了，但是会对环境造成影响），要么我们就把买日历的钱捐给一个组织，捐给哪个组织可以由他们自己决定。两

---

① 雅克－伊夫·库斯托（1910—1997），法国海军军官、探险家、生态学家、海洋及海洋生物研究者。——译者注

② 一种圣诞节倒计时礼盒，从圣诞节前的二十四天或十二天开始，玩家可以每天打开一个藏有不同惊喜的小方格，以此来迎接圣诞节。——译者注

个孩子最后做出了我们期待的决定。我的丈夫带着
他们一起研究该选择哪个组织进行捐款（为人类、
为动物或者为环境），并且通过相关组织的官网向他
们展示了几个选择。奥尔菲和宝拉最后都选择了一
个海洋保护组织。这毕竟代表了他们的意愿和兴趣，
因此他们对自己做出的选择感到非常自豪。去年，
我们还未提及此事，他们就主动表示，希望我们给
这个海洋保护组织捐款了。

刺猬小孩对真诚的友谊常常有着热切的渴望。

除了本身在人际交往方面的优秀素质可以使他们成为忠
实可靠的朋友外，刺猬小孩还乐于助人。在自己的朋友圈子
之外，他们会发扬助人为乐的精神，希望能够帮助到身边的
人（可能是借助某些组织，也可能是直接通过日常行动），
或者希望加入一些儿童组织。如果你的刺猬小孩还没有尝试
过这些可能性，那你可以给他一些机会，让他丰富自己的人
生经历。

刺猬小孩内在的心灵美不仅仅体现在这几个方面。除了
对人类的热爱和对环境的关注外，他们的性格中还有一个闪
光点：真诚。无论是在人际关系还是在社交互动中，他们永
远都保持着真诚。对于那些虚情假意、装模作样、私下勾结、
拉帮结派的把戏，他们都无法忍受，这可能会导致孩子和他

人之间的冲突。他们的生活就是这样，有些莽撞直接，但是
始终真诚，始终充满力量。

　　真诚及其中混合的复杂情感可能使刺猬小孩对公平和正
义有着强烈的渴求，因此，正义感也是刺猬小孩身上的重要
品质，能够为他的生活增添许多色彩。

你好，
成长

第九章

刺猬小孩的青春期

青春期是人生中的一个敏感而复杂的阶段。一个人无论是否属于刺猬人群，成长的道路都需要自己摸索、自己经历。

在几年的时间（四年到五年）内，孩子将要完成从无忧无虑的童年期到需要担负责任的成年期之间的过渡。在这段时间里，他们不仅要懂得自己做出的决定（是否工作、选择什么领域的工作等）会有什么样的结果，还需要面对一些全新且十分强烈的干扰因素：身体上的变化、与他人的比较、性意识的萌生、更广泛的社交活动……归结起来，这就像是一个人一边做着数学题或思考着哲学问题，一边空着肚子穿越一个正在狂欢的游乐场！

既想要严肃地思考，又不想抵御干扰因素的诱惑，企图两者兼得，这样做的后果往往是很严重的。

实际上，在青春期这个阶段，寻找方向并做出对未来发展有重要意义的选择和迎接新生活——摆脱家庭的束缚——的强烈诱惑之间，往往是存在矛盾的。

那么，在刺猬小孩的身上到底发生了什么？他们在穿越这个狂欢的游乐场的时候，内心是兴奋、喜悦，还是悲伤、恐惧？在这个过渡期内，他们的高敏感是变本加厉，还是渐渐得到改善？

亲身经历带来意识觉醒

青春期的刺猬小孩与同龄人不同的一点是，他们能够清晰地意识到这个阶段正在发生的事情：埋葬童年时期的惆怅和甜蜜，为学业付出努力，为自己的行为担负起责任，为未来做出选择。与同龄人相比，刺猬小孩更有责任心。

尽管如此，还是有一些刺猬小孩会流连于令人眼花缭乱的游乐场，他们可能忍不住要品尝甜蜜的爱情，就像想要品尝游乐场里售卖的甜点。不过，青春期的刺猬小孩受到的来自环境刺激的干扰相对童年期来说比较少。在这个时期，他们的表现可能让身边的人颇感惊讶，甚至会让他们自己也感到惊讶。他们对于如何理解自身的反应已经积累了充足的经验，知道该如何应对情绪的浪潮，也能够始终保持镇定。自身的局限在青春期反而不再成为他们的困扰，他们通常能够突破自我。

另一些孩子可能会在青春期这个充满各种颜色、香气和灯光的光怪陆离的世界面前退缩，从而保持严肃的思考，他们可能因此直接"跳过"这个阶段，提早变成了小大人。他们完全不觉得花时间去跳舞或者去喝酒有什么意思，也没有准备好去拥有一个男朋友或者女朋友，更不理解为什么非要和身边的人打扮得一样才能合群……这类孩子会选择投身于自己真正感兴趣的事中，不断锤炼自我，让自己增长知识、提升能力。对他们来说，青春期就是社交能力快速发展的时期，他们能够逐渐脱离家庭的温室，并找到与他们志同道合的同伴。在这个时期，他们会因为兴趣相投而聚集在一起。

强大的推理能力得以开发

我们已经知道，刺猬小孩对事物的感知就像一个千变万化的万花筒，从最明亮的图景到最幽暗的画面的转变可能就在分秒之间。而且，无论他们感知到了什么，他们都会持续地去思考、推理和分析。虽然，在童年时期，这可能算不上特别的优势，但是到了青春期，这种能力将成为一笔真正的财富。进入青春期，他们的推理能力终于可以得到充分的开发和展现。他们会聚焦于某个特定的主题多层次、多方位地拓展思维，并通过与他人的交流进一步完善自身的推理能力。政治辩论、哲学思考、社会新闻剖析等，所有这些话题都会引起他们的兴趣，他们乐于开动自己大脑中的思维机器。一些孩子可能会在这个过程中醍醐灌顶！

高敏感将成为优势

在青春期，刺猬小孩们的优势远不只有强大的推理能力，他们的高敏感为情感表达提供了沃土，甚至成为刺猬小孩独特的优势。

孩子对音乐很敏感，会被深深触动？那么，他们也许可以通过弹吉他和唱歌拨动他人的心弦。这样的孩子可能会在无意识中成为身边人迷恋的对象。他们也许曾经因为自己的兴趣爱好而与同学们格格不入，被当作脆弱、古怪或者蠢笨的人，但是到了青春期，他们就会成为受众人追捧的酷酷的小明星。

孩子对一些语言或行为极其敏感，因此被认为是班里最不合群的人？那么，他们或许有机会通过诗歌、小说或戏剧来展现自己的才华并脱颖而出，提升自己在青少年中的"社会地位"。他们可能会成为备受欢迎的小知识分子，同学们都愿意接近他们。

孩子对身体动作有着敏锐的感知力，在舞蹈、高尔夫或太极拳运动中表现出色？那么，他们可能会成为相关领域的小专家，他们的专业和热情会为他们吸引来更多的关注。

那些曾经在有些残忍的儿童世界中被认为离奇、古怪、无法理解的特点，到了青少年的世界里，可能突然就会转变为能够引起他人兴趣、吸引眼球，甚至大受欢迎的闪光点。

> 那些曾经被认为稀奇古怪的特点，到了青春期，可能就会变成惹人喜爱的闪光点。

恐惧日益加剧

不过，对刺猬小孩来说，青春期也并非完美无缺。

有些刺猬小孩在童年时期就非常容易紧张，这种状况到了青春期可能会加剧。确实，青春期身体的变化可能会给他们带来困扰，还可能会强化他们本来就强烈的情绪感受。

个子长高、毛发旺盛、面容变化、身形凸显、私密部位发生变化……所有这些都可能引起恐惧，甚至让人产生厌恶感，这对任何人来说都是一样的。刺猬小孩的不同在于，他们的感受会更加鲜明：更强烈的恐惧、更剧烈的厌恶、挥之不去的焦虑……

在人际关系方面也是如此，背叛、拒绝、激情，所有这些都可能让刺猬小孩产生强烈的反应，引发他们内心深处的恐惧。

有些孩子会自我封闭；有些孩子会为了控制体形而改变进食量（特意增肥或特意减肥）；还有些孩子会对自己的身体产生扭曲的认知，以至于会攻击身体，比如故意冒险或者伤害自己。

～～～～～～～～ **建　议** ～～～～～～～～

做开明的父母

在我看来，青春期孩子（无论是不是刺猬小孩）的父母最重要也最困难的工作，就是为孩子建立一个倾诉和对话的空间。孩子需要的不是警告或者建议，他们来找你只是为了倾诉自己内心的情感，分享自己的恐惧、疑惑和欲望。

你可以安排一些适合亲子的活动，比如每周或每个月和孩子一起去餐厅吃一次饭、一起下厨、一起看电影、一起购物、一起看展览，以及所有可以让你和孩子共同度过一段高质量亲子时光的活动。你可以给孩子讲讲自己青春期的经历，你的恐惧、你的疑惑、你犯过的错误，这样孩子就能明白所有人都会经历这样一段复杂的、情绪波动强烈的时期。你可以向孩子倾诉你自己在工作中的想法和感受，这样孩子就会意识到，即使他还未成年，但是他已经逐渐被你的世界接纳，你已经把他看作成人了。在这个过程中，你需要记住以下三个关键词。

• 接纳：准备好接受所有他可能会与你分享的事情，以及他不愿意告诉你的事情。

• 倾听：不要急着下结论或者提建议。

• 尊重：尊重孩子与你分享的所有情感，哪怕你觉得有点奇怪或者有点过分。

一般来说，当心里或脑子里装着事情的时候，我们需要通过语言把它倾吐出来。在表达的过程中，我们需要梳理出一条思路，这同时也是在向自己报告。很多人不常做这种练习，但是，这可能是缓解由具体事件引起的紧张情绪的最好办法。这也就是为什么我们在这种时候并不需要有人站在我们的角度给我们提建议（这些建议往往提得并不好）。事实上，心理咨询师和精神分析师所做的也是倾听：一个合适的倾听环境能够给我们一个机会，让我们自己去思考，去找到解决方案。

当然，我不是让你成为青春期孩子的心理医生，而只是让你给孩子提供自由的倾诉的环境，在平等、尊重的前提下展开亲子对话。

我知道，想要摆脱身为父母的焦虑是很困难的，要遏制对孩子未来的担忧更是难上加难，但是只要你做到了，你就会惊喜地发现孩子正慢慢成长为一个真正的大人，而你们之间也会建立起亲密和谐的亲子关系。

注意孩子的身体健康

青春期的刺猬小孩受外界刺激的干扰比童年期少，但与同龄人相比，刺猬小孩的大脑负荷仍然更容易达到饱和状态，他们更容易陷入疲倦。要对孩子的睡眠情况密切关注，就像对待不能熄灭的奥林匹克圣火一样，睡眠是决定孩子健康状况的重要因素。需要注意的是，父母不仅要关注孩子每天的睡眠时间是否达标，还要关注孩子的睡眠质量是否良好。

如果孩子出现睡眠问题，那么下面的解决方案可供你参考。

植物疗法

有些植物能够帮助改善睡眠，比如，香蜂草和山楂有助眠的功效，缬草和西番莲能够缓解焦虑。你可以尝试自己配制植物饮品，以香蜂草、缬草和西番莲为例，取一汤匙上述原材料放入一升冷水中，加热至水微微起泡（注意不要煮沸，否则会影响效果），然后关火，加盖焖十分钟左右，最后滤出汁液。你可以在入睡前饮用。

巴赫花精疗法

你需要和孩子一起找出造成睡眠问题的原因，以便考虑采用对症的巴赫花精疗法。你也可以参考第 91 页的内容选择精油。

- 白栗（White Chestnut）：有助于平复纠结与多思。
- 橄榄：有助于消除疲倦感。
- 岩泉水（Rock Water）：有助于缓解考前恐惧。
- 榆树：有助于缓解工作或学习造成的压力。

- 伯利恒之星：提供安慰（这是巴赫花精中的"安慰剂"）。
- 山毛榉：有助于缓解批评和指责带来的不安情绪。
- 冬青：有助于平复怨恨与嫉妒等情绪。
- 岩玫瑰：有助于平复噩梦引起的情绪。

和儿童时期一样，青春期的刺猬小孩的膳食情况也需要格外关注。父母需要保证孩子的饮食种类丰富、营养均衡，食物中要富含镁、ω-3 脂肪酸和维生素 C。如果有必要，也可以单独补充营养素。镁有助于缓解焦虑，促进睡眠，在青春期阶段能发挥重要的作用。如果条件允许，最好能通过食用海产品来摄入镁。

最后，青春期的孩子特别需要通过体育活动（散步、骑自行车、跳舞、打网球、踢足球等）来释放压力并感受自己的身体。你可以鼓励孩子报名参加相关的俱乐部，或者在你出门参加活动的时候带孩子一起去。

形象问题

体重超标或不足、体态不良、皮肤损伤等问题，是每一个青春期的孩子都会遇到的，无论他是否属于刺猬人群。不过，对刺猬小孩而言，同样的问题带来的痛苦往往更强烈。

父母需要格外关注，留心孩子是否出现饮食习惯的变化，是否在大热天还坚持穿长袖（可能是为了掩盖身上的伤痕），是不是经常称体重……如果发现上述情况，千万不要视而不见，应该密切关注所有可能意味着孩子身体不适的信号。

一旦出现任何可疑的迹象，不要耽搁，立即带孩子去找心理医生咨询，以防止问题加重，甚至愈演愈烈。如果孩子不愿意敞开心扉，那你可以主动与孩子分享你的担忧和恐惧。然后，为孩子打造一个专属于他的、不受干扰的倾听环境，这是很重要的。

在身体正发生变化或已经发生变化的青春期阶段，对刺猬小孩而言，按摩是非常有益的，这一点常常被我们忽略。按摩能够唤醒身体意识，带来身体和精神的双重放松，是维持身心健康的有效手段。但要想真正起效，偶尔按摩一两次是没有用的，必须长期坚持。

鼓励孩子追求兴趣

青春期的刺猬小孩是通过爱好来结识兴趣相投的伙伴的。这就是为什么在初中或高中阶段，除学习任务外，培养课外兴趣十分重要。对于那些在青春期更倾向于封闭自己、拒绝社交活动的孩子，培养兴趣更为重要。

除了促进人际交往这一点，找到自己的兴趣并为之付出精力也能够让孩子的内心得到滋养，情绪得到安抚，孩子可以由此获得真正的放松。这是能够让孩子感到舒适又放松的一举两得的好方法。

无论你的孩子喜欢的是漫画、象棋、桌游、乒乓球、棒球还是缝纫工艺，你都应该去尝试，哪怕你不感兴趣，因为这是你与孩子共处的绝佳时机。孩子可能会因为你表现出来的兴趣而感到开心或者受到触动，这比刻意安排的亲子对话要自然和惬意得多。

关注孩子内心世界和社会生活之间的平衡

青春期的刺猬小孩拥有一个异常丰富的内心世界，这就是为什么有的时候他们会表现得比较内向，在遇到困难的时候他们更愿意自己一个人待着，而不是融入集体。对有些父母来说，这更令人放心，这样他们就不必因为孩子出门的原因、在外时间的长短、在外交往的对象而操心。不过，有些父母会担心孩子盯着屏幕的时间太长了，或者担心孩子的人际交往或个人发展受到影响。

无论是否属于刺猬人群，所有年龄段的孩子，尤其是青春期的孩子（他们正处于离开家庭的保护到融入集体之间的过渡期），都应该学会平衡家庭生活、社会生活及个人的内心世界。

　　无论是像我们之前提到的那样发展兴趣爱好，还是维持童年友谊，或是参加自己选择的志愿活动和社会组织，等等，最重要的是确保孩子能在学校之外有足够的社交活动，这有利于孩子情感层面的全面健康发展。

第十章
刺猬小孩的成长感言

我有幸认识一些成年的"刺猬"，他们愿意回答我的问题并分享自己的成长经历。

艾斯黛尔在很小的时候就展现出了职业选择方面的动力和决心，这使得她如今的生活充满了热情。

乔伊细致入微的观察能力和强大的分析能力完全改变了她在人际关系中的处境：小学时她常常感觉自己没有朋友，而到青春期之后，她蜕变成了学校里的小明星。

乔纳坦超常的敏感性使他对艺术充满激情，他最终放弃了爸爸和学校为他规划的道路，勇敢地去追寻自己的梦想。

塞尔达的人际关系在青春期发生了彻底的改变，后来他在工作中也因为自己的高敏感受益颇多。

通过他们的故事，我们意识到，高敏感完全可以成为一个人的王牌，成为一个人追寻梦想的强大力量！

艾斯黛尔的故事

艾斯黛尔的名字是"星星"的意思。她是心理学家、神经心理学家和认知行为治疗师，在私人诊所和养老院工作。

你在童年时期是否意识到自己的敏感性超出一般水平？

可以非常明确地说，没有！那时我完全不认为自己的敏感程度和别人有什么不同，我以为大家和我一样，都拥有高度的敏感性。我花了很长时间才意识到我和别人是不一样的，我的感受比其他人强烈得多。一直到现在，我都常常惊讶于某些情况下别人的感受强度竟然和我不同。"高敏感"这个概念对我来说并不是自然而然意识到的，我需要刻意用理性去思考才能理解。

我是在青春期的时候意识到自己和他人的区别的。我的感受、感情和感知都比我的朋友强烈很多。我的妈妈也提到过我"特别敏感"。不过，我到现在也不是特别明白这到底是怎么回事。

在学校的时候，你如何应对自己的高敏感？

我在学校的时候并没有意识到自己的敏感性异于常人。不过，我还记得，我七岁上一年级的时候曾经逃学。一个原因是我的老师吓到我了（她的嗓门特别大，喜欢通过叫喊来展示她的威严，这让我觉得害怕），另一个原因是我不愿意在食堂里吃饭，我觉得食堂里太吵了。逃学那一天，早上我悄悄带上家里的钥匙，到了中午，我混在走读生的队伍里出校了。回到家里之后，我骑上自己的自行车，去保姆家吃了午饭。我当时还以为这一切别人都不知道呢！

那个时候我经常抱怨自己头痛、肚子痛，完全没法忍受食堂的环境。我也说不出明确的原因，只知道一进食堂我就难受。后来，父母一到午餐时间就来接我回家吃饭。

你的家人是怎么看待高敏感的？

我的爸爸妈妈特别宽容。我小的时候需要把自己与外界隔离起来，需要安静的环境，或者反过来，需要把音乐放到最大声来自我释放。但是，一些远房亲戚并不理解我，我感觉和他们无话可说。

小的时候，高敏感对你来说是困扰吗？

不会，我完全没有过这样的感觉。就算我意识到自己在行为上和别人有所不同（比如，班上只有我一个人害怕那位大嗓门的老师），我也没有继续深究。我在学校甚至算是很受欢迎的那种学生。

有时给我造成困扰的，是自我怀疑和缺乏自信。我经常徘徊在自己的感受、这些感受带给我的信心和缺乏具体证据之间，我常常会感到迷茫。

初中阶段，我有两年都在一个戏剧社里，不过从来没有真正地参加过活动。我太缺乏自信了，结果是我一直在戏剧社里当道具管理员！

高敏感从什么时候开始成为你的优势？

在开始选择职业的时候，我很快发现自己擅长倾听，并且有着强烈的同情心。我确定我想要成为一名心理学家，这是我在十四岁时做出的决定，直到现在，我从未放弃过。

那一年，我需要写一封申请信来解释我选择专业方向的原因。我在父母不知情的情况下，自己去拜访了当地的许多心理学家和精神病学家，以便更好地了解两种职业之间的区别，并试图获取相关的建议（推荐书目、培训方案等）。

如今，我可以非常确定地说，在我的工作中，高敏感是我的优势所在。

你有没有成功地将高敏感转化为学习中的优势？

在我的学习过程中，高敏感是一把双刃剑，因为它会使我对自己的能力产生怀疑。我非常容易陷入自我怀疑，以至于我常常觉得可能是我自己弄错了。我经常怀疑自己的想法，缺乏自信给我造成了一些困扰。

你如何控制自己的高敏感以使生活保持平静？

想要控制自己的高敏感是不太容易的。我要在家庭中扮演母亲的角色，要在工作中花费时间挥洒热情，想找一个空隙让自己停下来喘口气并不容易。不过，我真的很需要这样的休息时间，我需要切断自己和外界的联系，远离那些刺激因素……或者，也可以反过来，把音乐开到最大声来疏解那些积压的情绪。我的爸爸帮我找到了一个有效的应对方法：他会播放卡米尔·圣-桑（Camille Saint-Saëns）的交响诗《骷髅之舞》（la Danse macabre），然后让我想象一个小人（在我的想象里就是马里奥和吃豆人的混合体）随着音乐的节奏朝着各个方向一下一下地跳着。这可以使我集中到这一想象的图景之上，切断和外界的联系。如若不然，积压的情绪必然会导致我频繁发怒。

我刚刚说过在小时候我没有因这种高敏感而受苦，那是因为我的父母帮我找到了发泄的手段。他们的方法直到现在我还在使用。我的女儿们都知道，当我把自己一个人关在屋里大声放音乐的时候，她们不应该进来打扰我，那是属于我自己的时光。我要在脑海里操纵着小人一下一下地跳。根据我白天时承受的情绪负荷的情况，有的时候我还需要自己在房间里跳跳舞来释放自我。

你的孩子中有没有刺猬小孩？

有的，有两个！不过，她们并不是同一种类型。我的大女儿对情感的反应特别激烈，而且在学校会比在家里更激烈。我的第二个孩子相对来说更加内向，她把所有的想法都藏在心里，她对待情感是非常克制的，但实际上她对自己的情感有很清楚的了解。

有没有对刺猬小孩和他们父母的寄语？

对刺猬小孩父母的寄语：一定要时刻保持温和、宽容，一定要充分地理解孩子比常人更加激烈的内心活动。有了正确的方式，高敏感可以被转化成真正的力量，不要去摧毁它。

对刺猬小孩的寄语：一旦你找到了可以用来保护自己的外壳，生活就会变得容易很多。

乔伊的故事

乔伊今年三十八岁，是女性杂志的记者，她有两个女儿，大女儿七岁，小女儿一岁。

你在童年时期是否意识到自己的敏感性超出一般水平？

并没有。在童年时期，我能够感觉到自己是不一样的，但是我并不觉得自己特别敏感。不过，我能够意识到我和同龄人之间存在着极大的差距，从幼儿园开始便如此。

在学校的时候，你如何应对自己的高敏感？

我把自己置于一种"观察舱"里。我的脑子里装着好多东西，我会试着先搞清楚这是怎么回事。我知道，如果想要和别人表现得一样，那么我需要先找到自己与众不同的原因。所以，我一直在观察，但始终没有找到答案。

上小学的时候，我感觉自己很孤独，没有女生愿意和我做同桌，或者更准确地说，根本就没有女生愿意和我做朋友。我偶尔也会被邀请参加生日聚会，我也会邀请班里的女生来庆祝我的生日……但是，我不觉得我和别人建立过任何高质量的、有分量的关系。

你的家人是怎么看待高敏感的？

我的家人很少谈论自己的情感。

我只记得，九岁那年，我因为房间的事情和家人爆发过一次很大的冲突。父母重新布置了我的房间，但是有些布置我并不喜欢。这对我来说是个很大的冲击，让我感觉很难受。我现在还记得当时妈妈批评我太任性、反应太激烈。但事实并不是这样的，我那时候真的感觉非常难受。

我记得我有很多时间都独自待在自己的房间里，我那时读了很多书。我并不是家人关注的焦点，其实我自己对此也不强求。成年之后，这种情况就改变了，因为我在人生中找到了自己的"位置"。

可以分享一个具体的与高敏感有关的故事吗？

我还记得自己觉醒的那个时刻。我有一个儿时的朋友，她的性格和我完全相反：开朗活泼，爱交朋友，愿意表现自己，果敢直接。有一次，我们一起看花车巡游，有一架花车上站着一位先生，手里端着一些小蛋糕。她直接去问那位先生可不可以给我们一些蛋糕，结果那位先生真的给了。因为我时时刻刻都在观察和分析着身边的一切，所以我还记得那个时候我对自己说："实际上，愿望只需要勇敢地说出来就能够实现。"之后，我在这方面真的有了很大的转变，我不再像之前那么腼腆了。

还有一件事情，我十六七岁时，有一天我和朋友们一起去看了电影《梦之安魂曲》(*Requiem for a Dream*)。影片中人物下地狱的情节和令人毛骨悚然的音乐让我陷入了一种强烈的悲伤状态。电影的结尾是一切都被毁灭了，这对我来说太可怕了，完全像是一场噩梦。我放声大哭，整个人在接下来的整整一个小时里都像风中的落叶一样颤抖。直到现在，我都不能再看那部电影，我真的做不到。

总的来说，我对看电影不大感兴趣。电影引起的情绪波动是我难以承受的，我从来不看悲剧片或恐怖片，我也不喜欢看结局不好的电影。

小的时候，高敏感对你来说是困扰吗？

现在回过头去看，高敏感算不上灾难，我的青春也并不是特别不幸。但是，我没有让自己成长。那时的我总是自我封闭，躲在自己的角落里，不停地观察、思考。我并不是怪人，我也会感觉到孤独。不过，到了青春期，这些都改变了。

在家里，我和家人并没有建立很好的互动，我也没有找到属于我的位置。我只和我的弟弟相处得还算可以。他比我小两岁，比我更喜欢冒险，但因为年龄相仿，我们会经常在一起玩。

高敏感从什么时候开始以及如何成为你的优势？

我有很强的创造力。小学一年级我就开始写故事，而且常常因此受到老师的表扬。我还和我的毛绒玩具一起创造了一个广阔的宇宙，我和弟弟一起编织了无数个故事，我们对所有鸡毛蒜皮的小事都格外关注。我创造了属于我自己的世界。

作为高敏感者，你是如何度过自己的青春期的？

刚开始的时候，情况极其糟糕。在小学六年级和初一的时候，我没有朋友，我也不知道为什么。上小学六年级的第一天，我花了很长时间精心挑选自己该穿的衣服，结果却事与愿违。我成为班级中的异类，没有交到一个真正的朋友。那段日子我过得很艰难。

但是到了初二，情况完全扭转了。我发育得特别早，刚开始这还是劣势，后来它就转化为一种优势，我开始受男生青睐。我成了受欢迎的人，因为我抓住了一个机会：我融入了全中学最受欢迎的女生群体。跟着那些自诩成熟，甚至"成熟"到去干傻事的女生在一起，我交到了真正的朋友，其中一位女生直到今天还是我的朋友。

也是从这个时期开始，我学会了理解他人。在他们面临青春期的各种不愉快时，我能发挥自己的作用。我和他们聊天，给予他们情感上的支持，帮助他们分析各种局面。这让我在班里一直保持着重要的地位。到了高一，因为"人很好"，我还被推选做了班长！在班里那些最开朗、人缘最好的同学和稍微有些不合群或者被边缘化的同学之间，我发挥着纽带的作用。

事情都有两面性。这个时候，我的学习成绩开始下滑。对我来说，世界上最重要的事情就是经营我的社交生活，让人们都喜欢我。没有任何一件事情能比这带给我更多的幸福感。

由于成绩太差，我一连转过两次学。每一次，我都需要重新开始研究新的集体，我需要通过大量的观察来理解同学们的行为模式。而且，由于学校之间的差异非常大，同学们也各有不同，因此，每一次我都不得不全部重新开始。我那时处在"怀疑感"和"自如感"的夹缝中间，这并不轻松。我不能放任自己这么下去，我发自内心地不信任那些表现得如鱼得水的人，因为我知道我自己的如鱼得水是"装"出来的。我在那些人身边打转，持续地观察他们，观察的结论是：我并不希望融入那些圈子。最后，我还是从那所学校离开了。

我继续保持着和之前学校的同学的联系，时至今日我们依旧保持着友谊。实际上，和以前学校同龄人的友谊并没有给我带来过重的压力。我乐此不疲地和朋友们煲电话粥。我特别渴望和他人交流，渴望参与所有的故事。

然而，我和父母之间的关系却极其糟糕，我完全不想和他们说话，尤其是和我的妈妈。

你有没有成功地将高敏感转化为学习中的优势？

答案应该是否定的。不过，高敏感还是在某些科目上对我有所帮助，尤其是语文。因为我读了很多书，所以擅长引经据典。社会关系、个体情感和人际互动都让我深深着迷。我读过很多小说，我希望能够了解世界上所有人的所有情感，尤其是不同年龄段的女性的情感。这些对我来说都是真正的养料，让我打下了良好的语文基础。写作对我来说是件轻松的事，这使我顺利地通过了高中毕业会考。我很有创造力，善于讲故事，能够深入剖析事物来为情境描写增色。

你是否认为在工作中高敏感是你的优势？

是的，的确如此。我的工作要求我和大量的人交谈，而我超强的感知力确实让我对工作更加得心应手。

高敏感在工作中给了我极大的帮助。比如，当我需要选定采访对象的时候，我会先在互联网上查询相关资料，看这个人是否有能力，在对他的能力进行筛选之后，我会看这个人是如何展现自己的，然后再决定是否愿意和这个人交流。我非常相信我的直觉。

在采访过程中，由于我有较强的共情能力，因此往往能很轻松地将受访者引入采访话题。我知道该怎样提出正确的问题，聚焦于最关键的环节，表现出充分的共情，以获得更多的信息，同时更轻松地引导交流过程。在我的工作中，这些都是特别关键的。

你如何控制自己的高敏感以使生活保持平静？

我会尝试运用自己的理性思考。从前，我经常感觉到自己被欺骗了，经常去怨恨别人。这种怨恨持续的时间并不太长，一般来说是数天，但是非常强烈。我的占有欲确实有些强，特别在乎是否被人背叛。但是，过不了多久，我就会以一种置身事外的眼光来看待事情，然后自我反省，承认自己的确做得太过分了。不过，想要保持理性思考从来不是什么容易的事情，每时每刻都要绷着这根弦。

你的孩子中有没有刺猬小孩？

我经常怀疑我的大女儿可能是刺猬小孩，但我并不是特别确定。我的小女儿年纪还太小，目前看不出来什么，不过她有很强的观察能力和情感感知能力。

有没有对刺猬小孩和他们父母的寄语？

我想告诉刺猬小孩的父母，不要为孩子的与众不同感到担心，也不要将这种不同和情绪不佳混淆。高敏感从某些方面来说可能是孩子真正的财富。

高敏感虽然有难以掌控的一面，但也有能给人带来愉悦的一面，比如宁静的独处时光，以及在幻想中为自己编织故事的时光。我认为这确实是一种财富。此外，高敏感显然不会使我们切断与他人的联系，反而会帮助我们建立一个只属于自己的世界，创造自己的舒适区，探寻安抚自己情绪的独特方法（比如我的身边总会有毛绒玩具）。最终，我们都会理解高敏感的世界。

我的人际关系能够发生历史性的转变，要归功于青春期的特点，在这个时期，与众不同是一件很酷的事情。大家对个性特征变得更加敏感，从那时起，个性独特的你在大家眼里就会变成充满魅力的重要人物。你会找到属于自己的位置。那些曾经被视为缺点的特征，比如不合群等，之后都会变成吸引力的来源，别人会开始喜欢你。

我想告诉刺猬小孩，如果你们感受到了孤独，就需要安慰自己：孤独不会永远持续。你们不需要强迫自己变得和其他人一样，到了某个时刻，你们会发现做自己才是最好的。

乔纳坦的故事

乔纳坦的上升星座为白羊座，固执又敏感。他是个多才多艺的节目制作人。

你在童年时期是否意识到自己的敏感性超出一般水平？

不，我没有意识到。不过，我知道自己小时候常常经历非常强烈、令我印象深刻的恐惧。比如，我有一只名字叫作"威利"的毛绒玩具狗，我很喜欢它，可是到了晚上，这只玩具狗会让我感到很害怕。每天晚上，等到爸爸妈妈上床睡觉之后，我都要把威利放到楼梯间去，让它离我的房间远远的。我那时深信威利在晚上会变成一只狼，然后把我吃掉。这种担心持续了很长时间，大概一直持续到我不再玩毛绒玩具的时候才消失。

你记得自己小时候会对哪一方面特别敏感吗？

我小时候对音乐特别敏感。我的爸爸经常听古典乐，我还记得他用钢琴弹奏的乐曲，或者他和同事一起演奏的巴洛克乐曲，音乐穿过墙壁，传进我的耳朵里。我一直都很喜欢听。很小的时候，听音乐对我而言就是一件充满魔力的事情。

绘画在我的生活中也占据着重要的位置，我的母亲是一位画家，她经常带我们去美术馆。我记得每到周三，我总是在她工作室的门口一待就是几个小时，一边看着她画画，一边闻着亚麻籽油的味道……

实际上，我有足够的机会接触各种艺术门类。我的大伯是画家，姑姑是美术学院的教授……艺术一直都在我的身边，我从小就耳濡目染。

另外，我的记忆力也相当出色。每当我看漫画或者电影的时候，那些图像就会印在我的脑海里，在之后的很长一段时间里，我都会在记忆中反复重温曾经看过的画面。

你有关于学生时期的高敏感表现的回忆吗？

上小学二年级的时候，我的老师罗谢夫人曾在我的成绩报告单上写："乔纳坦似乎有点自满的倾向。"我是班上最优秀的学生，对很多事情的感觉都很敏锐。她用她自己的方式向我传达："你很棒，但是你还需要继续努力。"她是一位有点严厉的老师，并不是特别招人喜欢。她的话对我产生了难以磨灭的打击。

我以前经常对自己说："我会尽我所能做到最好，但是别人总是告诉我，你认为的最好并不一定真的是最好的。"我不是那种善于与人争辩的人，这使得我内心的不安更加强烈。我开始将自己藏在阴影之中，以避免再次招来老师的批评。

从那之后，我一直认为应该将自己藏起来，避免出风头，即使后来也有老师表扬我、鼓励我去展示自己，但都无济于事。罗谢夫人的那句批评始终盘旋在我的脑海里。我不想再让别人对我有类似的评价了，我绝不是那种喜欢自吹自擂的学生。

我也记得受质疑的感觉。高中二年级的时候，我告诉我的班主任（他教历史和地理），我以后想要从事历史研究。我是一个好学生，好奇心强，对很多事情都有敏锐的感知。在分班选择的时候，我的决定引起了一些质疑。多数老师根据我的成绩，认为我应该选择理科。幸运的是，我之前已经和班主任谈过了，她支持我的决定，鼓励我不要受其他老师的干扰，按照自己的喜好选择专业。而我爸爸的想法和多数老师是一样的。

实际上，如果你对很多方面都感兴趣，而且你努力在每一门科目上都做到最好的时候，别人就会开始替你规划。如果你的选择和别人的期待不一致，你就会受到质疑。他们会对你说："你喜欢音乐，这很好，但是无论如何，你还是要学金融！"

在经历分班选择这件事之后，我更加坚定了做自己喜欢的事的决心。接下来，为了证明我的选择是正确的，我在预科班中始终保持着优异的成绩，后来又一口气拿下了学士学位和硕士学位，然后开始攻读博士学位。我渴望在软科学（人文科学）领域充分发挥自己的优势，作为对自己当年做出的选择的回应，也向所有人展示我的决定是正确的。我想告诉爸爸："你看，高中二年级的时候，你想让我选择理科，最后我选择了自己喜欢的专业，最终我做得和你一样好！"好吧，实际上我还没有完成我的博士学业，而我爸爸有两个博士学位。

你的家人是怎么看待高敏感的？

我的家人不会说这么专业的名词，或者说，我的高敏感表现还没到会让我的父母说"他属于高敏感人群"的程度。回答这个问题之前，我们需要先明确这个问题的背景及看待它的方式。我觉得相比于过去，也就是我们还是孩子的那个时代，现在的父母明显更加关注孩子的敏感性和兴趣爱好，而且他们也掌握了更好的应对方法。我们的父母也不是不关心我们，而是当时的社会氛围和大众所掌握的知识使得人们并不关心这一类问题，除非孩子出现明显的问题或者展现出暴力倾向。

从我十三四岁开始到现在，我家里一直有一些守护神一样的角色在保护着我，让我可以充分地表达和展现自己。这些守护神有老师、研究员、画家、艺术家等，他们也许早就意识到："孩子对一切都很敏感，或许在这样的生活模式中，他反而更自在。"这也是我的哥哥最终能够选择应用艺术这一行业的原因。从某种程度上看，我和我的哥哥各自在不同的道路上展现了自身最敏感、最具艺术天分的特质。

谈到这个问题，我觉得我的父亲也是极其敏感的，而且他可能因此受了不少苦。他从七岁开始弹钢琴，也许他曾经梦想着成为音乐家，但最终没有机会去追求自己的梦想。就像有的家庭祖祖辈辈都从事律师行业，任何其他的梦想在这样的家庭中都是不被接受的，如果家中的孩子真的很喜欢钢琴，那么最好的情况就是允许孩子在星期天练练钢琴。

我的父亲远不如我幸运。我的祖父甚至不承认我的父亲在科学领域的卓越成就，同时还坚决制止他从事他自己喜欢的音乐相关工作。我的父亲是一名出色的研究员，但是他既没能走上自己真正渴望探索的道路（音乐），他的本职工作也没能得到他父亲的认可。因此，他的潜意识中出现了一个声音（当然这也少不了我母亲的帮助），如果他的孩子也拥有像他一样的敏感性，那他绝不会剥夺孩子追求自己梦想的权利。最终，我的父亲接受了我的选择，但这并不意味着他鼓励这种选择。我的哥哥选择了绘画，我选择了音乐，但我的父亲仍然非常在乎我们的学历。

小的时候，高敏感对你来说是困扰吗？

我觉得并不是。高敏感能同时带来最好的和最坏的体验。比如，我是个容易动情、多愁善感的人。失恋的时候，我整个人都垮了。但是，我不觉得这是困扰，反而觉得是件好事。我深刻体会过爱情之苦，简直痛彻心扉！我还记得那是我在美国做交换生那年，寄宿家庭的妈妈一整个晚上都在安慰我。我不停地哭泣，以至于寄宿家庭的妈妈最后只能给我妈妈打电话，说我情况很不好，让她赶紧来美国接我。

但是，高敏感也会给我带来非常好的体验，比如艺术或体育领域中那些激动人心的时刻。这并不一定是赢得比赛，比如完成某个漂亮的动作，或者成功做完某件我筹划已久的事情，都能让我兴奋不已。

我的高敏感之所以没有成为困扰，是因为我有一个良好的成长环境。对那些家庭环境没有这么包容（比如那些家人根本不理解高敏感是什么）的孩子来说，他们需要面对的情况可能确实复杂得多。像《跳出我天地》（Billy Elliot）这部电影的原型就是一个天才儿童，受所处的社会环境的限制，他无法表达自己真实的想法，还要面对人们关于男孩的敏感性的种种偏见。我认为这个主题至今都很有现实意义。尽管很缓慢，但情况确实在向好的方向发展。毫无疑问，我们的下一代人将会实现真正的转变。

你觉得怎样做能够推动事情往好的方向发展？

我希望艺术教育和解放思想的方法能够普及，让每个孩子都可以接触到那些能够触动他的事物。这样，孩子会在某一刻意识到，即便不是所有人都会被某种事物触动，他也不是唯一被同一种事物触动的人，他会发现自己并不孤单。

举个例子，如果孩子被博物馆里的某样展品打动，并意识到自己并不是唯一一个被打动的人，他就不会觉得自己是个怪胎，不会觉得自己和别人有什么不同。不过，想要做到这一点，我们还有很长的路要走。

你是否认为在学习和工作中高敏感是你的优势？

当然是。不过，有的时候，我的高敏感会和学校的教学方式发生冲突。对于我喜欢的科目，或者那些能引起我共鸣的内容，我很快就能学会，因为我有兴趣并愿意投入。除此之外，就取决于教学方法了。举个例子，上预科班的时候，我需要记住一大堆数据，我不喜欢这种数学化的学习方法。还有，我需要记住某个阶段所有重要会议召开的具体日期，而我对此没有任何兴趣。我认为更重要的是去了解那些参加会议的人员，去理解他们谈论的内容和所做的决定，以及那些会议对历史进程产生了什么样的影响。记住会议召开的日期顶多让你知道这件事情到底是发生在 1944 年还是 1958 年。然而，别人告诉我不要太较真，他们说历史就是一份由无数个日期组成的清单，仅此而已。这让我几近崩溃。我在预科班的历史成绩特别差，因为老师的教学方法与我感受事物的方式完全无法匹配。

不过，这种敏感性也帮助我在高中毕业会考时做出了关键性的选择，让我体验到了很多事物，如果没有这样的敏感性，我很有可能会失去很多类似的体验。

目前，还有很多孩子不敢根据自己的兴趣来做选择，因为他们担心自己这样做不对，或者他们周围的人都劝他们要理智。像这样对某些行为模式的刻板印象在当今的社会中依然很常见、很普遍。

在工作中，高敏感对我有着实质性的帮助。有时，我会在两三次会面之后就被艺术家指定为代理人，之所以能够如此顺利，我的高敏感功不可没。艺术家们会说，我不仅能够理解他们的音乐，更能够理解他们的使命。即使我并不是音乐家，我也能够兴致勃勃地和他们谈论音乐。我对他们个人及他们的工作都充满了感情，而不只是为了做他们的代理人来赚钱。另外，我对工作确实非常投入，我总是全力以赴地构建和推动每个项目，有时候过程很艰难，但我无怨无悔。

对高敏感的人而言，看到有人在创作、在绘画、在作曲、在表演，无疑是奇妙而动人的体验。

你如何控制自己的高敏感以使生活保持平静？

我并没有刻意去控制什么。我越来越能够接受自己的高敏感及它带来的种种情绪波动。有的时候我也会担心，十年后，我是不是还会动不动就哭个不停。

与此同时，我也意识到，在某些场合我会为自己戴上面具，尤其是在和那些意图不明的人打交道的时候。因为当一个人特别敏感的时候，很容易上当受骗，你可能会碰到一些不怀好意的人，然后被误导。有的时候，我明明告诫自己一定要加倍小心，结果片刻之后我还是被人耍了。后来，我习惯了保持警惕，并且告诫自己要吸取教训。

我坚信，学习就是我一生中最大的动力。就算有一些不太愉快的经历，我也可以从中学习，让自己的洞察力变得更加敏锐。

因此，我做不到在日常生活中刻意控制自己。另外，如果我去看电影的话，有很大可能会崩溃。

据说高敏感者讨厌看恐怖片，你怎么看？

我同意这个说法，我就完全看不了恐怖片！

很久之前吓到我的画面会一直在我的脑子里存着，我到现在还能非常精确地回忆起一些细节，而且依旧会被它们吓到。因此，我对恐怖片没有任何兴趣，肯定会躲得远远的。

总的来说，为了尽可能减少对自己的影响，我慢慢学会了和自己不喜欢的事情保持距离。我不愿意主动去回忆。最清晰的记忆就是恐惧的感觉，我不喜欢恐惧或者惊吓的感觉。欺诈、折磨、谎言等也会让我觉得难受。比如，今年夏天，我带着儿子和几个朋友一起打牌，这种扑克牌游戏的玩法就是建立在说谎之上的，结果我连一轮都打不下去，很快就退出了。

我很喜欢那些讲故事的时候会在必要的地方加以美化、润色的人，这些人知道怎么让事情变得更富有情感、更有魔力。但我不喜欢那些装腔作势的骗子，在这一点上，我是十分敏感的。

你的孩子中有没有刺猬小孩？

我觉得我的两个孩子对很多事情都很敏感。不过，他们两个的类型不同，其中一个孩子会比另一个孩子安静很多。我的大儿子比我的二儿子更加敏感，他特别在乎公平和忠诚，还有兄弟情和朋友之情，而且他已经尝到了其中的苦涩滋味。我很珍视他的这种敏感性，我觉得这很神奇。

这也可能只是个开始，不过，如果我的两个儿子真的都具有很高的敏感性，我会为他们骄傲的。

以后，我会让他们接受良好的教育，会告诉他们高敏感是很珍贵的特质。他们和我妈妈一直保持着很好的关系，她是一个天性温柔的人，给了他们很多帮助。

我认为，无论我的孩子将来从事什么样的工作（体力劳动也好，薪资微薄也罢），他们过得幸福才是最重要的，不要硬逼着他们去选择自己不喜欢的工作。如果我们能够对自己保持真诚，那我们自然会激励孩子去发挥他们的敏感天性。

有没有对刺猬小孩和他们父母的寄语？

我想对刺猬小孩说，不要刻意去改变自己，因为我相信，高敏感是一笔巨大的财富！我觉得所有的孩子都是非常敏感的，但并不是所有的孩子都能够达到高敏感的程度。有些孩子可能会隐藏自己的高敏感，以便融入群体，但有些孩子根本做不到。那么，给予后者陪伴就是父母应当负起的责任，当然，除了父母，老师、其他亲戚、朋友等都可以。可惜的是，现在的社会并不全是平等、公正的。总有一些孩子身处于对高敏感不友好的环境之中，高敏感被认为是不好的，应该掩藏起来。这并不完全是父母的责任。我希望社会环境能够变得越来越好，我们真的缺艺术家、学者、科学家，我们同样也面临着思想的普遍贫乏……因此，如果我们的孩子能够成为敏感的人，能够得到足够的支持，能够有勇气说出"我想学哲学，而且我会去学哲学"，而且能够创造思想、艺术、意义，那么，我们的社会才是真正地取得了进步。

作为教授的儿子，我对教育是十分重视的，我觉得我们还有很长的路要走。孩子需要亲身体验，才能够学会如何去适应这个世界。

我认为，北欧国家对教育的偏见更少，那里的孩子更容易得到发展。我的外国朋友的孩子们可以通过绘画、写故事充分地展现自己的敏感性，这是值得赞赏的。

塞尔达的故事

塞尔达是一位艺术总监，同时也是奥斯曼艺术专家。他教书、写作、进行艺术创作，并为古代宫殿的修复和装饰提供专业建议。

你在童年时期是否意识到自己的敏感性超出一般水平？

童年时期，我能感觉到自己和别人不一样，但是并不知道该如何定义这种不一样，因为我表现出来的就是我自己的正常状态。跟我的同学相比，我的思想更深刻、分析能力更强。我喜欢读书，喜欢独处，喜欢和成人交谈，和同龄人相处的兴趣反而不大。我喜欢与文学相关的辩论。因此，我常常显得与众不同，我猜这可能让我身边的一些人有点不安。

你有关于学生时期的高敏感表现的回忆吗？

我觉得自己比其他同学更加成熟，所以我总是独来独往。不过，我不觉得这是件坏事。我记得在学校的时候，我非常高兴能够拥有自己的个人空间，而对那些属于我这个年龄段的游戏兴趣不大。我喜欢去博物馆，喜欢听音乐，喜欢做梦。

你的家人是怎么看待高敏感的？

我父母的年纪比较大，这也算一种幸运吧！如果我的父母更年轻一些，我觉得他们和高敏感的我磨合起来会更加困难。父母经常建议我多出去和朋友玩，但是我更愿意待在家里。父母认为我是个有艺术天分的孩子。起初，他们可能更想要一个能够和同龄人融洽相处的孩子（这是我猜的），但最后，他们对拥有一个像我这样性格的儿子感到很开心。

可以分享一个具体的与高敏感有关的故事吗？

说实话，我不太记得了。对我来说，那并不是一段轻松的时光，因此，我要么就是在记忆里刻意把它抹掉了，要么就是单纯忘记了。我只记得自己曾经对一切都有着极其敏锐的感知，包括食物的味道、各种气味、眼睛能够看到的细节。我的视觉记忆特别发达。在我的记忆中储存着的，与其说是故事，不如说是一幅幅童年生活的画面。

小的时候，高敏感对你来说是困扰吗？

是，也不是……

回答"是"，那是因为我希望能够更多地和成人相处，但是他们不会认真对待像我这样年纪的小孩子。而我对同龄人又真的没什么兴趣。从这个角度来说，高敏感可以算是一种阻碍吧。

但是，换一个角度看，高敏感也带给我一个色彩缤纷的童年。由于我的感觉特别敏锐，因此我会细细品味并小心珍藏我的人生经历，长大以后，我从中受益颇多。

高敏感是否曾在青春期给你带来过困扰？

并没有。恰恰相反，高敏感在青春期时给了我很多帮助。我对世界的理解比别人更加充分，这让我很早就做好了面对生活的准备，就像是别的同学刚开始做作业时我已经全做完了一样。

也正是在青春期阶段，我有了同龄的朋友，而且我非常喜欢他们。进入青春期后，曾经的小孩子们成熟了，我的同学差不多和我有了同一水平的敏感性——至少是在对世界的感知这一方面。

你是否成功地将高敏感转化为学习和生活中的优势？

是的，完全如此。在学习中，高敏感是我最大的优势。

我酷爱读书、交流、做实验，所有这些都会让我发自内心地
快乐。

我的工作也基于我高敏感的性格。高敏感对我来说是非
常珍贵的，它能够帮助我更好地感受这个社会。当我们能够
理解这个社会并善于共情时，我们就能够理解人们的需求所
在，也因此能够在发展趋势显现之前就有所感知。

成年之后，高敏感还是你生活中的重要问题吗？

高敏感时至今日依然是我生活中的重要问题。年轻的时
候，高敏感给我造成了一些困扰，但是随着年龄的增长，我
逐渐学会了如何去管理我的高敏感。现在，高敏感已经从劣
势转而成为我的优势了！

有没有对刺猬小孩和他们父母的寄语？

父母们可能会错误地认为拥有较高敏感性的孩子是不正
常的，甚至是抑郁的。他们可能会尝试使孩子变得"正常"
一些，而不是将高敏感看作天赐的礼物并珍惜它。

你的孩子的雷达比别人的更加发达，这是多么幸运的一
件事！我建议父母要特别尊重孩子的个人空间，用与成人
交流的方式和他们交流：一切都要解释清楚，一切都要讲
道理。

刺猬小孩常常会觉得自己孤独、不合群，但是，能够拥

有过人的敏感性本身就是罕见的幸运！高敏感能够使人更早
地成长，你可以比别人领先一步，并且更深入地洞察一切。
高敏感的人往往具有很强的共情能力，能够更轻松地理解他
人，从而拥有更稳定的人际关系。

结　语

　　刺猬小孩就像一台超凡的接收器，不仅功能强大，还有着非比寻常的敏感度，能够接收周围环境中的种种信息。他们拥有内部自我调节机制，这种机制因感知力、感觉强度及表达方式的天生差异而各不相同。即使同属刺猬小孩这一群体，每个个体也都有其独特之处。

　　刺猬小孩的高敏感可以表现在各个方面：对食物味道和质地的感知，对强烈视觉刺激的接收，对人际关系的理解，或者信马由缰的想象力，等等。但是，所有刺猬小孩都有一个共同的特征，那就是情绪感受激烈。

　　即使有一些刺猬小孩感觉到自己与同龄人明显不同，在生活上面临的困难多于旁人（就像我们在艾斯黛尔、乔纳坦及塞尔达这些刺猬大人的童年回忆中所看到的），他们的童年经历也不会比其他人沉重太多。然而，可以确定的一点是，身为刺猬小孩绝非一项轻松的体验，他们适应日常生活的过程往往比其他孩子辛苦许多。

　　如果你是刺猬小孩的父母，那么你的责任非常重大：你需要付出长期的努力来让你的刺猬小孩保持自信和积极的自我认知。实际上，要做到这一点并不容易。你可以想象一下，一个孩子频繁地哭泣、发脾气，已经不是小宝宝的他还不能像同龄孩子一样好好吃饭，坚决拒绝乘坐游乐园的游乐设施，放烟花时独自一人逃走，或者怎么都没法像其他同学一样将注意力集中在当下的事情上，受到教室里的声音或光线的干扰而自己却意识不到……对这样的孩子来说，想让他们保持自信是颇有难度的，他们比其他孩子更容易缺乏自信，更容易对自己形成负面认知。

然而，我们都知道，自我认知对个人成长有着举足轻重的影响，它就像驱动生命引擎的汽油，是激励我们冲破障碍、迎接挑战的动力燃料。自我认知的产生基于一个人对自身的感知和分析，会结合他人的反馈不断进行调整，并随着时间的推移而变化。正如卡米尔·伯努瓦（Camille Benoit）在最新的神经科学研究中所指出的，以及乔纳坦也提到过的：环境是最重要的影响因素。在自我认知的建构中发挥最大作用的，正是学校和家庭这些环境。刺猬小孩通过别人的评价来审视自身。他接受的教育、周围的环境和他与生俱来的气质将相互作用，塑造他的自我认知并最终将其充分地展现出来，而同样被塑造的，还有孩子面对这个世界所怀抱着的信心。

童年时期是刺猬小孩构建基础认知的关键时期，就算在之后的某些生命阶段中，他们可能会多次重塑自己的认知或拓展自我认知的新领域，童年时期的关键性也毋庸置疑。在这个阶段，父母给予刺猬小孩的理解和照顾越多，孩子未来的生活就会越轻松。

因此，作为父母，要担负起自己的职责：倾听孩子表达，接受孩子本来的样子；尊重孩子的高敏感特质，尝试去理解那些孩子没有用语言表达出来的感受。你需要好好运用自己的语言，温柔地接纳孩子的一切情绪，哪怕这会给你本人带来压力。

有的时候，想要做出正确的反馈并不容易，因为你的身上也带有你自己的童年经历和你自己所受教育的烙印。也许，你应该先对自己做一个评估，以更好地理解你自己的感受和反应，无论是在专业诊疗师的帮助下，还是仅仅自我反思。

请不要忘记，最了解你的刺猬小孩的人是你。请花一些时间去观察他的情绪反应，你会发现自己每天都比昨天更懂孩子一些。

同时也不要忘记，我们无法改变一个孩子的性情，但是，我们能够在尊重和理解的前提下帮助他展现自己。我们所做的一切努力，都是为了帮助他充分展露自己的才华，保护他性格的独特之处！

帮助一个刺猬小孩展露他的才华，就像从他内心藏着的线轴里慢慢抽出金线来：他的一切都会随之展开，他将以此编织自己的人生。

　　以上也是我对自身高敏感的理解。从我意识到这个使我哭泣、使我自我怀疑的特性其实是一种力量的那一刻起，我自己的那卷金线轴就开始转动了，我以一种和此前完全不同的方式投入生活。除了帮助许多父母更好地理解他们的孩子，以及安抚我的病人们的情绪外，我还投身于写作之中，希望我的观点和心得，能够帮助更多的家庭重回平静。我将我自身丰富的情感体验与强大的共情能力转变成了创造力。

　　在此，我为刺猬小孩及他们的家庭做证：总有一天，高敏感会成为一种优势，一件真正的礼物，一张《查理和巧克力工厂》（*Charlie and the Chocolate Factory*）中众人趋之若鹜的威利·旺卡的金奖券。正如塞尔达所说，高敏感者能够在发展趋势显现之前就有所感知。这意味着真正"感知"到环绕在我们身边的爱、幸运与美。高敏感会帮助我们发挥创造力，实现梦想；高敏感能让我们以更深刻的方式体验和享受生活。

致　谢

　　撰写本书的想法源于我的编辑奥利维娅·马肖·埃斯波西托（Olivia Maschio Esposito）的提议："你愿不愿意写一本关于高敏感儿童的书？"我记得我回答了一句："好啊，为什么不呢？"然后，我就把这件事完全扔到一边，忙着去做其他已经开始的项目了。后来，我慢慢意识到这件事对我的意义。也许，这正是那本属于我的书。也就是说，是我注定该去写的那本书，我将要通过这本书把对我来说最重要的信息传递出去。在本书中，我将要讨论的是不是我内心最强大的力量、我的儿子奥尔菲身上最本质的特性、我的病人们花了很大精力才弄明白的那个事实？我并不确定。我不知道这次旅程将把我带向何方，但我对它充满热爱。

　　在这里，我要对奥利维娅表示衷心的感谢，感谢你一直以来不变的信任。

　　我要对阿梅莉·波吉（Amélie Poggi）致以诚挚的感谢。我真的非常高兴能够和你一起工作、一起在咖啡馆讨论，你的阅读建议是那么富有启发性。感谢你为我付出的时间，对我的理解和支持。感谢你安慰我、指点我。你甜蜜的微笑和快乐的眼神始终陪伴着我，直到我写完本书的最后一行。

我要对斯蒂芬·佩雷兹（Stéphane Perez）致以崇高的敬意，感谢你的启发，你就像一座流光溢彩且永不枯竭的信息宝库！你将不同的疗法加以整合并将所有概念融为一体的过人能力令我印象深刻。

我还要对露西·金斯曼（Lucie Kinsman）、玛戈隆娜·德瓦雷（Maguelone Develay）和莎拉·莫里尼（Sarah Morini）致以特别的感谢，感谢你们和我分享你们自己的信息。

感谢帕特里克·雷格尔德（Patrick Legendre），感谢你校阅了第七章关于"学习武术"的内容，感谢你在每周四晚上将积极的能量传递给学生们。

感谢乔纳坦·米尔达（Jonathan miltat）、塞尔达·古尔衮（Serdar Gülgün）及艾斯黛尔·德朗（Estelle Deram），感谢你们慷慨而真诚地分享你们的成长经历。能够和你们一样属于刺猬人群大家族的一员，我感到荣幸而骄傲。

还有一份从巴黎到比亚里茨的特别感谢要送给我的朋友卡米尔·伯努瓦（Camille Benoit），与你的合作就像一场游戏，甚至像一场冒险。从一个花瓶里插着的两枝绣球花开始，我们知道了彼此对法国西南部的热爱，从此，我们的生活被甜蜜的友谊纽带紧紧地联系在一起了。别忘了给我准备好咖啡，我很快会去找你。

　　我找不到更多合适的语言来感谢我的朋友乔伊·品托（Joy Pinto），你是我有幸结交的所有刺猬朋友中最为出色的一个。你为人公正、幽默风趣、充满激情、真诚、敏锐且慷慨大方，我真是太爱你了！

　　最后，我要将最温柔的无尽谢意致以我的丈夫朱利安·普吕沃（Julien Pruvost）。感谢你的耐心、你坚定的支持、你对我工作的尊重。感谢你作为继父带给我两个儿子的所有温暖与关切。感谢你对我的爱，感谢命运让我们相遇。我珍视我们之间的默契。在你身边度过的每一天都是如此充实而温馨。

　　我还要向整个宇宙表达我全部的感恩之情，感谢你带给我的一切。